HEYNE KOCHBÜCHER

Erich Bauer
Barbara Conrad

DAS MONDPHASEN KOCHBUCH

Gesunde Ernährung im Einklang mit dem Mond

WILHELM HEYNE VERLAG
MÜNCHEN

HEYNE KOCHBUCH
07/4690

Copyright © 1996 by Wilhelm Heyne Verlag GmbH & Co. KG, München
Printed in Germany 1996
Umschlaggestaltung: Atelier Ingrid Schütz, München
Umschlagillustration: Sigrid Meggendorfer, Atelier Kontraste, München
Satz: Schaber Satz- und Datentechnik, Wels
Druck und Bindung: RMO-Druck, München

ISBN 3-453-09921-4

Inhalt

ABKÜRZUNGEN UND ERKLÄRUNGEN

EL = Eßlöffel
TL = Teelöffel
Msp = Messerspitze
kg = Kilogramm
g   = Gramm
l   = Liter
cl = Zentiliter (= $\frac{1}{100}$ l)
ml = Milliliter (= $\frac{1}{1000}$ l = 1 g)

1 Tasse entspricht einer normalen Tasse
mit $\frac{1}{8}$ l Inhalt.

Alle Gerichte sind, soweit nicht anders angegeben,
für vier Personen gedacht.

Sprossen und Keime selber ziehen

Am besten funktioniert das Ziehen von Sprossen in einem Keimapparat aus
dem Reformhaus, aber Sie können auch ein umgestülptes Einmachglas verwenden, das mit Gaze und Gummiband verschlossen zu einem Minitreib-
haus wird.
Bitte nur ausgewiesenes »Saatgut« zum Keimen aus dem Reformhaus oder
Naturkostladen verwenden, da dieses aus biologisch-dynamischem Anbau
stammen muß. Soja-, Weizen-, Luzernen-(Alfalfa-) und andere Sprossen gedeihen prächtig. Einfach 1–2 Tassen Körner in das Glas geben, über Nacht
einweichen, am nächsten Tag abgießen, mit frischem Wasser spülen und
das Glas umgedreht auf einen Teller leicht schräg stellen, damit die Luft zir-
kulieren und überschüssiges Wasser ablaufen kann, so daß nichts fault. Am
besten ein Hölzchen o. ä. unterlegen. Jeden Tag oder auch jeden zweiten –
das ist je nach Art verschieden – mit frischem Wasser spülen. Mungobohnen, Sojabohnen, Azukibohnen und Linsen am besten vor Gebrauch blanchieren oder einfach in einem Sieb kurz mit heißem Wasser spülen, so sind
sie besser verträglich. Nach einigen Tagen – die Keimdauer steht jeweils auf
dem Päckchen – können Sie ernten und Ihren Speisezettel mit dieser vital-
und ballaststoffreichen Kost anreichern.

DER MOND UND'S MANDL

»Mir kam«, versetzte sie, »in diesen Tagen dein alter Sackkalender in die Hände von Anno fünfundachtzig; da hast da hinten angemerkt drei bis vier Notabene. Zum ersten steht: Mitte Oktober gießet man die großen Löwen in kaiserlicher Erzgießerei; fürs zweite, doppelt angestrichen: Professor Gattner zu besuchen. Wer ist der?«

»O recht, ich weiß – auf dem Observatorio der gute alte Herr, der mich von Zeit zu Zeit dahin einlädt. Ich wollte längst einmal den Mond und's Mandl drin mit dir betrachten. Sie haben jetzt ein mächtig großes Fernrohr oben; da soll man auf der ungeheuern Scheibe, hell und deutlich bis zum Greifen, Gebirge, Täler, Klüfte sehen und von der Seite, wo die Sonne nicht hinfällt, den Schatten, den die Berge werfen. Schon seit zwei Jahren schlag' ich's an, den Gang zu tun, und komme nicht dazu, elender- und schändlicherweise!«

»Nun«, sagte sie, »der Mond entläuft uns nicht. Wir holen manches nach.«

Eduard Mörike

9

ÜBER DEN MOND

Lächelt er? Oder schaut er doch mit grimmigem Gesicht auf uns herunter? Ach, manche sehen überhaupt kein Gesicht, sondern einen alten Mann oder gar ein uraltes Weib, bucklig, mit einem Bündel Holz auf dem Rücken. Einen bösen Mann gibt es natürlich auch. Er wartet nur darauf, daß er ein unartiges Kind erhascht, um es zu fressen ...
Der Mond, la luna, la lune ..., in Tausenden von Liedern besungen, wie in dem berühmten französischen Volkslied:

> *Au clair de la lune,*
> *mon ami Pierrot,*
> *prête-moi ta plume,*
> *pour écrire un mot.*
> *Ma chandelle est morte,*
> *je n'ai plus du feu.*
> *Ouvre-moi ta porte*
> *pour l'amour de Dieu.*

Was er alles sieht, des Nachts, wenn jene herumirren, die nicht schlafen können, die Seelen der Unerlösten, die Gauner und Halunken, die Sorgenvollen – und eben die glücklich Verliebten: O – Mond, la luna, la lune ...
Selene hieß die Göttin des Mondes bei den Griechen, Luna bei den Römern. Sie war die Schwester des Helios, eine schöne, milde Jungfrau, Göttin der Nacht, die nach dem pompösen Niedergang des Sonnengottes – er zog mit einem goldenen

11

Wagen, bespannt mit vier weißen Rossen, am Tag über den Himmel – bescheiden mit einem Zweigespann ihre einsame Reise über den nächtlichen Himmel antrat.

Für die ersten Menschen symbolisierte der Mond eine Ahnung von Ordnung, Stimmigkeit, Zeit, Rhythmus, Wiederholung und Folge ... Der Abschnitt von einem Mondgesicht (Vollmond) bis zu seiner Wiederholung (also wieder Vollmond) wurde die Zeiteinheit schlechthin, nämlich ein Mon(d)nat, und jedes Monatsviertel (Woche) begann mit einem Mon(d)tag.

Die Frauen entdeckten noch eine andere Beziehung zum Mond. Die Menses war ebenfalls mit dem Mond verknüpft. Ihre Monatsblutungen fanden stets zu bestimmten Mondstellungen statt (zum Beispiel Neumond, Vollmond, Halbmond, Zweidrittelmond). Studierte man also den Mond, konnte man Phasen der Fruchtbarkeit bzw. Unfruchtbarkeit im voraus wissen. Die ersten Kalender waren daher sicher weder steinerne Tafeln noch beschriebenes Pergament, sondern nichts als der nächtliche Himmel selbst: Er vermittelte die Zeit und zeigte bestimmte Phasen. Nach ihm richteten sich das Wetter, die Gezeiten der Meere, die Zu- und Abnahme von Austern, Fischen, Kräutern, Pilzen, die Geburten von Mensch und Tier, der Verlauf von Krankheiten, und sogar der Tod kam und ging mit dem Mond.

Wer den Mondkalender verstand, war wissend, mächtig und reich. Er wußte, wann und wo die Fischernetze auszulegen waren und wann Krankheiten geheilt werden konnten.

Bald war es nicht mehr nötig, den Mond am wirklichen Himmel zu beobachten. Es gab Tabellen, in denen der Lauf des Mondes eingezeichnet war – die ersten richtigen Mondkalender.

Sowohl das Wissen über die Monduhr wie auch die Mondkalender gingen mit der Aufklärung Ende des 18., im 19. und

20. Jahrhundert verloren. Nur wenige Menschen – zumeist auf dem Lande – setzten in ihrem alltäglichen Leben weiter auf den Mond.

Im Zuge einer allgemeinen Wiederbelebung der Verbundenheit zu Natur und Kosmos erschienen zu Beginn der neunziger Jahre erneut Veröffentlichungen zum Mond und seinen Geheimnissen. Die ersten Mondkalender wurden gedruckt.

Heute gibt es viele Menschen, die ihre Arzt-, Kosmetik- und Friseurtermine nach dem Mond richten, die ihren Garten nach dem Mondkalender bestellen und die Zimmerpflanzen dann düngen und gießen, wenn die Monduhr dazu rät.

Mond und Essen

Heller Mondschein im April
Gibt an Obst und Wein nicht viel.

Alte Wetterregel

Spiros, ein griechischer Bauer in Korfu, ärgert die Touristen, weil er ihnen plötzlich beim schönsten Sonnenschein sagt, daß es morgen regnen wird. Wer will das schon hören?

Das Ärgerlichste aber ist, er hat immer recht, und er weiß auch noch, wie lange das Wetter schlecht bleibt.

Woher er das weiß? Vom Mond. Sein Vater hat ihm das beigebracht; der hat es wiederum von seinem Vater, und dann verliert sich die Quelle im dunkeln ... Kam der Vater des Vaters des Vaters nicht aus Kreta? Oder aus Amerika, wohin wiederum dessen Vater einst ausgewandert war?

Wie auch immer, Spiros ist einer von jenen, die die Monduhr lesen können. »Die Kartoffeln, die du gerade ißt, sind in acht Wochen so groß geworden. Warum? Weil ich sie kurz nach Vollmond gepflanzt habe. Beim Vollmond fing es an zu regnen, also war klar, daß es auch noch weiterregnen würde – gut, sehr gut für meine Kartoffeln.«

Spiros braucht keinen gedruckten Mondkalender. Er hat in 340 von 356 Tagen im Jahr die leibhaftige Möndin über sich.

Vom Neumond zum Vollmond
und wieder zurück

DER MOND UND SEINE MUTTER

Der Mond sprach einmal zu seiner Mutter, sie möchte ihm doch ein warmes Kleid machen, weil die Nächte so kalt wären. Sie nahm ihm das Maß und er lief davon; wie er aber über ein Kleines wiederkam, so war er so groß geworden, daß das Röcklein nirgends passen wollte. Die Mutter fing daher an, die Nähte zu trennen, um es auszulassen, allein da dies dem Mond zu lang dauerte, so ging er wieder fort seines Weges. Die Mutter nähete emsig am Kleid und saß manche Nacht auf beim Sternenschein.

Als nun der Mond zurückkam und viel gelaufen hatte, so hatte er sehr abgenommen, war dünn und bleich geworden, daher ihm das Kleid viel zu weit war und die Ärmel schlotterten bis auf die Knie. Da wurde die Mutter gar sehr verdrossen, daß er ihr solche Possen spiele und verbot ihm, je wieder in ihr Haus zu kommen. Deswegen nun muß der arme Schelm nackt und bloß am Himmel laufen, bis jemand kömmt, der ihm ein Röcklein tut kaufen.

Brüder Grimm

NEUMOND

Neumond, leerer Mond, schwarzer Mond, toter Mond. Das sind die Namen für ein besonderes kosmisches Ereignis: Mond und Sonne stehen – von der Erde aus betrachtet – hintereinander, in einer Linie, zumindest beinahe. Stünden sie wirklich exakt hintereinander, gäbe es auf der Erde eine Sonnenfinsternis.

Der Neumond macht das Wetter.

Alte Wetterregel

Spiros sagt über den Neumond: »Was immer du an diesem Tag machst, hat große Wirkung. Wenn du fastest, entgiftest du deinen Körper gleich für zwei Wochen. Wenn du wie ein Esel frißt, vergiftest du dich – auch für zwei Wochen. Was du säst, wächst in den nächsten Wochen in den Himmel, was du schneidest, kommt nimmermehr. Kinder, die bei Neumond gezeugt werden, halten die Ehe der Eltern vierzehn weitere Jahre zusammen.«
Sonne und Mond – das ist ein Treffen zwischen Mann und Frau, Bruder und Schwester, eine Vereinigung, Verschmelzung. Das eine verwandelt sich in das andere, der Mond ist hernach voll mit Sonnenenergie, und die Sonne ist voller Mond.

TIPS UND TRICKS ZUM NEUMOND

Ein Fasttag beugt Krankheiten vor, entgiftet den Körper. Meditation und Besinnung stärken Seele und Geist. Gute Zeit für Zeugen, Säen und Befruchten. Beginn einer Diät. Anfang vom Ende einer unliebsamen Gewohnheit (Rauchen). Wechselt das Wetter in der Neumondphase (drei Tage vor bis drei Tage nach Neumond), hält es zwei Wochen an.

Zunehmender Mond

Zwei bis drei Tage nach dem Neumond taucht der Mond als silberne Sichel aus der Dunkelheit der Nacht auf, verbreitet Hoffnung und Zuversicht. Jeden Abend wird seine Sichel größer und geht immer später auf. Mit dem sich ausdehnenden Mond atmet alles in der Natur ein, breitet sich aus, nimmt zu, wächst himmelwärts. Der Mensch möchte das Leben vereinnahmen, es in sich aufnehmen und besitzen in Lust, Freude und Genüßlichkeit.

Spiros sagt, daß die Leute bei zunehmendem Mond nicht so gerne arbeiten. »Im Winter, wenn Ihr Touristen nicht da seid, sitzen wir im ›Mon Amour‹ und spielen Karten, manchmal, wenn der Mond zunimmt, tagelang.«

Er sagt aber auch, daß das Essen »hängenbleibt im Bauch«: »Iß ein Mousaka bei zunehmendem Mond und das gleiche Mousaka bei abnehmendem. Bei zunehmendem Mond wirst du fett!«

TIPS UND TRICKS ZUM ZUNEHMENDEM MOND

Alles, was dem Körper zugeführt werden soll und ihn aufbaut, wirkt bei zunehmendem Mond stärker. Dagegen brauchen alle Eingriffe in den Körper (Operationen) eine längere Rekonvaleszenz. Schonung und Erholung nützen Körper und Geist. Richtige Zeit für alle Planungen, Vorhaben und Verträge. Gute Periode, solche Pflanzen zu säen und zu setzen, deren oberirdisches Wachsen wichtig ist. Komposthaufen anlegen. Haare schneiden (wachsen schneller, werden kräftiger).

VOLLMOND

Der Vollmond ist ein Fest. Sonne und Mond stehen sich gegenüber und nehmen die Erde in die Mitte, so als wäre sie ein Kind und Mond und Sonne Mutter und Vater. Es ist eine Phase größter Liebe der Gestirne für die Erde und damit auch für den Menschen, ein Tag, der in Glück und Dankbarkeit verbracht werden soll.

»Wer bei Vollmond«, sagt Spiros, »nicht wenigstens einmal mit dem Mond anstößt, ist ein Banause und verdient kein Glück.« Ein anderes Mal sagt er: »Das Kind, das bei Vollmond auf die Welt kommt, lieben die Eltern ganz besonders.«

TIPS UND TRICKS ZUM VOLLMOND

Gut essen und feiern zieht Glück an. Gepflückte Heilkräuter besitzen größere Kraft. Jeder Schnitt (Haare, Pflanzen) tut weh. Zunahme von Unterhaltung, Leichtsinn und Gewalt. Kinder, die gezeugt oder geboren werden, sind von ihren Eltern besonders geliebt. Wechselt das Wetter in der Vollmondphase (drei Tage vor bis drei Tage nach Vollmond), hält es zwei Wochen an.

ABNEHMENDER MOND

Am zweiten Tag nach dem Vollmond verliert die volle, leuchtende Mondkugel am nächtlichen Himmel ihre pralle Form und steigt Abend für Abend etwas später über den Horizont. Der Mond nimmt ab.

»Der Mond atmet aus«, sagt Spiros. »Er verschenkt sich, er schneidet sich jeden Tag ein Stück aus seinem Leib. Das ist ein Zeichen, daß es auch für uns gut ist, unsere Kraft zu verschenken.« Das mühsame Arbeiten draußen bei den Olivenbäumen in dieser Phase fällt weniger schwer. Selbst bei größter Hitze schwitzt und ermüdet man nicht so leicht.

TIPS UND TRICKS
ZUM ABNEHMENDEN MOND

Eingriffe in den Körper (Operationen) heilen besser und schneller. Haareschneiden hält länger nach. Sämtliche Arbeiten in Haus und Garten gehen besser von der Hand. Wäsche waschen benötigt weniger Seife. Fenster werden schlierenfrei. Das Düngen der Pflanzen zeigt bessere Wirkung. Richtige Zeit für das Setzen und Säen von Pflanzen, deren unterirdisches Wachsen wichtig ist.

Der Lauf des Mondes durch den Tierkreis

Auf der Reise des Mondes um die Erde gleitet er an den zwölf Tierkreiszeichen Widder bis Fisch vorbei und verweilt dabei in jeder Station zwei bis drei Tage. »Die Monduhr«, sagt Spiros, »zeigt alle zwei bis drei Tage etwas anderes an. Es ist nicht gut, an jedem Tag alles zu essen. Nach dem Vollmond im Juli kommen zuerst zwei Salztage. Da soll man tüchtig salzen. Danach kommen zwei Lufttage. Die sind wichtig für unsere Olivenbäume, die legen gutes Öl zu; und genauso esse ich dann mehr Fett und Öl. Anschließend stehen für zwei Tage Brot und Kartoffeln an erster Stelle. Dann essen wir Fisch, an diesen beiden Tagen schwimmen auch die Fische lieber ins Netz. Die mögen an diesen Tagen gefressen werden. So geht das weiter bis zum Neumond.«

Von alters her gehören bestimmte Nahrungsmittel zu bestimmten Tierkreiszeichen. Ißt man zum Beispiel viel Hafer, wird die Zwillingsseite belebt, man wird leicht, unbeschwert und unternehmungslustig. Ißt man hingegen vor allem scharfe Speisen, kommt das der Widderenergie zugute. Man wird aktiv, dynamisch, triebhaft, aber auch schnell aggressiv und jähzornig.

Bestimmte Tierkreiszeichen werden zusammengefaßt:

Die Abschnitte Widder, Löwe und Schütze heißen Feuerzeichen.

Die Abschnitte Stier, Jungfrau und Steinbock nennt man Erdzeichen.

Die Abschnitte Zwillinge, Waage und Wassermann heißen Luftzeichen.

Die Abschnitte Krebs, Skorpion und Fische sind Wasserzeichen.

Zu jeder Zeichengruppe – man sagt auch Element dazu – gehören spezifische Nahrungs- und Zubereitungsarten. Zum Beispiel sind Feuertage, also Tage, an denen der Mond in den Abschnitten Widder, Löwe und Schütze steht, Frucht- und Eiweißtage. Das bedeutet zweierlei: Zum einen verträgt der menschliche Organismus an solchen Tagen mehr Eiweiß, also Eierspeisen, Fisch oder Sojabohnen. Auf der anderen Seite steigt an solchen Tagen auch die Lust auf Eiweißspeisen enorm an. Wer zum Beispiel ohnehin Eier nicht gut verträgt, muß an Eiweißtagen achtgeben, daß er sein Maß nicht überschreitet.

Ein anderes Beispiel: An Wassertagen (der Mond durchstreift die Abschnitte Krebs, Skorpion oder Fische) verträgt der Orga-

---

DAS MONDMENÜ

Feuer-Tage (Mond im Widder, Löwen oder Schützen) sind Frucht- und Eiweißtage. Der Organismus verarbeitet besonders gut eiweißhaltige Nahrungsmittel wie Eier, Fische, Hülsenfrüchte (Bohnen).

Erd-Tage (Mond im Stier, in der Jungfrau, im Steinbock) sind Salz- und Wurzeltage. Der Organismus verarbeitet beispielsweise besonders gut Kartoffeln und in Salz eingelegte Speisen.

Luft-Tage (Mond in den Zwillingen, in der Waage oder im Wassermann) sind Öl- und Fett-Tage. Der Organismus verträgt und verarbeitet besonders gut fett- und ölhaltige Speisen wie zum Beispiel einen Braten.

Wasser-Tage (Mond im Krebs, Skorpion oder in den Fischen) sind Blatt- und Kohlehydrattage. Der Organismus verträgt beispielsweise besonders gut Süßspeisen.

nismus Kohlehydrate, also auch Zucker, relativ gut. Kinder, die bekanntlich gerne naschen, werden an diesen Tagen daher lautstark Bonbons und Lutscher verlangen, und ihre Eltern neigen eher dazu, den Kindern nachzugeben. Kennt eine Mutter aber den Mondkalender, wird sie die Bonbontüte an Wassertagen zwar bestimmt nicht verstecken, sie jedoch auch nicht offen herumliegen lassen.

Die Zuordnung bestimmter Nahrungsmittel zum Lauf des Mondes ist nicht immer einfach und eindeutig. So werden beispielsweise in der astrologischen Tradition alle Wassertiere dem Zeichen Fisch zugeordnet. Die allermeisten Fische sind aber stark eiweißhaltig und gehören somit – laut Mondkalender – zu den Feuertagen (Mond im Widder, Löwen oder Schützen). Ein anderes Beispiel: Die Wassermelone ist eine Frucht und gehört somit laut Mondkalender an Feuertagen (Mond im Widder, Löwen oder Schützen) auf den Tisch. Zugleich werden Melonen wegen ihres hohen Wassergehaltes als für den Krebs typisch betrachtet. Zuletzt ist noch zu erwähnen, daß in der Astrologie auch die Farbe eine ausschlaggebende Rolle spielt. So gehören aufgrund der Farbe rote Johannisbeeren zum Widder, schwarze hingegen zum Schützen.

Auch die Unterscheidung in Nahrungsmittel für zunehmende beziehungsweise abnehmende Mondtage ist nicht einfach. In aller Regel haben wir auf eine Einteilung, wie sie in der chinesischen Nahrungslehre üblich ist, zurückgegriffen. Dort unterscheidet man zwischen Yin- und Yang-Nahrungsmitteln. Yin entspricht in etwa der zunehmenden Mondphase, Yang der abnehmenden. Ein »n« (neutral) steht für Nahrungsmittel, die zu sämtlichen Mondphasen passen. Die Nahrungsmitteltabelle befindet sich auf Seite 176.

Für einen differenzierten Mond-Speiseplan braucht es daher zum einen viel astrologisches Wissen und Gespür. Zum anderen darf man sich auch den Zuordnungen nicht sklavisch unterwerfen. Der Mond ist von alters her ein Sinnbild für Intuition und die Kraft der Seele. Sensiblen Menschen verrät der Mond – oder die »Möndin« – auch ohne Kalender und Kochbuch etwas über das richtige Leben und Kochen. Dieses Buch will dabei helfen, den eigenen Mondkräften mehr zu vertrauen.

> *Schau den goldnen Mond dort:*
> *Er ißt Pomeranzen,*
> *Schalen, die er fortwirft,*
> *auf dem Wasser tanzen.*
>
> Spanischer Kinderreim

WIDDER-MONDTAGE

An Widder-Mondtagen pulsiert das Leben, herrschen Dynamik und Durchsetzungskraft. Für den Widder-Mond steht die Farbe Rot. Sein Element ist Feuer.

Nahrungs- und Würzmittel:

Chili – Ei – Erbse – Erdbeere – Feige – Frischkäse – Hagebutte – Hammel – Hase – Huhn – Joghurt – Käse – Kalb – Kirsche – Lamm – Linsen – Paprikagewürz scharf – Milch – Paprikaschote – Pfeffer – Pflaume – Preiselbeere – Rote Bohnen – Rote Johannisbeere – Saubohnen – Sauerkirsche – Sauermilch – Schaf – Schafskäse – Stachelbeere – Tabasco – Tomate – Ziege – Zitrone

> An Widder-Mondtagen werden rote und/oder eiweißhaltige Nahrungsmittel, Früchte und alle scharfen Gewürze gut vertragen.

WIDDER-NEUMONDTAG

Ein Widder-Neumondtag fällt stets auf den ersten Frühlingsmonat (21. März bis 20. April), den eigentlichen Beginn des neuen astrologischen Jahres. Wer hier einen Fasttag einlegt, ordnet den Organismus in den Lauf der Zeit ein. Auch einfache Eierspeisen, sparsam gegessen, passen zum Widder-Neumondtag.

Kresse-Ei mit Toast

Leicht, bekömmlich und nährend

Zutaten:

4 Eier · Butterflöckchen
Salz · Pfeffer · Kresse
4 Scheiben Vollkorntoast

Die Eier wachsweich kochen, pellen und je eins in ein Glasschälchen legen, mit einem spitzen Messer aufritzen und halbieren. Die Butterflöckchen hineinsetzen und mit Salz und Pfeffer würzen. Die Kresse vom Beet schneiden und auf dem Ei verteilen. Die Brotscheiben toasten, diagonal durchschneiden und auf einem Extrateller servieren.

Eier-Paste

Heiß und belebend

Zutaten:

4 Eier · 2 EL Sonnenblumenöl · 1 TL Sojasauce
1 Spritzer Tabasco · $\frac{1}{2}$ TL gemahlener Kreuzkümmel
1 TL Currypulver · 1 Prise Safran · 2 EL Korianderblätter,
gehackt · 2 EL milde Paprikaschote, gehackt
2 EL Zucchini oder Gurke, gehackt · Salz · Pfeffer

Eier hart kochen, schälen, fein hacken und mit allen Zutaten gründlich vermischen. Mit Salz und Pfeffer abschmecken. Als Brotaufstrich verwenden.

Eier im Glas

Danach gelingt alles besser

Zutaten:

8 Eier · 1 Kästchen Kresse
Sojasauce · Tabascosauce
Pfeffer aus der Mühle · Salz · Curry
Toast · Butter oder Margarine
frischgepreßter Orangensaft

Eier 4 $\frac{1}{2}$ Minuten kochen, abschrecken, pellen, jeweils 2 in vorgewärmte Gläser geben. Mit 1 Prise Salz, Pfeffer, Curry, 2 Spritzern Sojasauce und 1 Spritzer Tabasco würzen. Kresseblätter darüberstreuen. Toast mit Butter oder Margarine bestreichen. Mit einem Glas Orangensaft servieren.

ZUNEHMENDE WIDDER-MONDTAGE

Mondtage zum Kräftesammeln und Auftanken.

Ei, ei, wie scheint der Mond so hell,
Wie scheint er in der Nacht!
Hab ich am frühen Morgen
Mein' Schatz ein Lied gemacht.

Ei, ei, wie scheint der Mond so hell,
Ei, ei, wo scheint er hin?
Mein Schatz hat alle Morgen
Ein andern Schatz im Sinn.

Ei, ei, wie scheint der Mond so hell,
Ei, ei, wie scheint er hier!
Er scheint ja alle Morgen
Der Liebsten vor die Tür.

Ei, ei, wie scheint der Mond so hell,
Ei, Jungfer, wann ist's Tag?
Es geht ihr alle Morgen
Ein andrer Freier nach.

Aus: *Des Knaben Wunderhorn*

Tomaten-Basilikum-Salat

Feurig, frisch und würzig

Zutaten:

500 g schnittfeste Tomaten · 4 Stengelchen Basilikum
4 EL gutes Olivenöl · 2 EL Essig · Salz · Pfeffer
1 Knoblauchzehe

Tomaten waschen und den Stielansatz keilförmig heraus-
schneiden. Basilikumblätter von den Stengeln zupfen und in
Streifen, Tomaten in Scheiben schneiden. Öl mit Essig in einer
Schüssel mit dem Schneebesen zu einem Dressing binden. Salzen, pfeffern und mit einer zerdrückten Knoblauchzehe würzen. Die Tomaten mit dem Basilikum in das Dressing geben.
Vorsichtig mischen. 5–10 Minuten durchziehen lassen.

Marokkanischer Tomatensalat

Weckt Lebensfeuer

Zutaten:

1 kg feste Tomaten, gewaschen und gewürfelt
1 Bund frischer Koriander, kleingehackt
1 kleine Zwiebel, kleingehackt
Salz und Pfeffer nach Belieben · 1 EL Olivenöl
8 Scheiben Baguette

Alle Zutaten miteinander mischen und $1/_2$ Stunde ziehen lassen.
Das Brot vor dem Servieren toasten und mit etwas Olivenöl beträufeln. Salat auf heiße Brote geben und sofort servieren.

Linsen mit Joghurt

Hält lange vor

Zutaten:

1 Tasse trockene dunkle Linsen · $3/4$ l Wasser
1 Bund Mohrrüben, kleingehackt
$1/8$ l Hing (stark riechendes indisches Gewürz;
fördert die Verdauung, hilft gegen Blähungen.
Erhältlich in Indienläden oder im Reformhaus)
$1/2$ TL Meersalz · 1 TL Kreuzkümmel
1 Knoblauchzehe, zerdrückt · 1 TL Sojasauce
$1/4$ l Joghurt

Linsen waschen und mit Mohrrüben und Hing bei mittlerer Hitze etwa 25–30 Minuten kochen, bis sie gar sind. Salz, Kreuzkümmel, Knoblauch und Soja zufügen und weitere 20 Minuten kochen. Auf Teller verteilen und mit Joghurt garnieren.

Preiselbeerkompott mit Joghurt

Rot, süß und saftig

Zutaten:

750 g reife Preiselbeeren · 150–200 g Zucker
1 Becher Joghurt · $1/8$–$1/4$ l Wasser

Preiselbeeren sorgfältig verlesen, gründlich waschen, gut abtropfen lassen; Beeren mit Zucker mischen, Wasser zugeben, zum Kochen bringen, 5–10 Minuten zugedeckt leise kochen lassen. Mit Joghurt servieren.

Frische Feigen mit Eis

Wie im Schlaraffenland

Zutaten:

4 Kugeln Fruchteis
(Erdbeere, Zitrone, Birne, Orange)
4 frische reife Feigen · 150 g Sahne
200 g frische Erdbeeren · 50 g Honig
50 g Walnußkerne, grob gebrochen

Kleine Bällchen aus den verschiedenen Fruchteissorten auf Teller oder in Gläser geben. Feigen der Länge nach vierteln, Sahne steif schlagen und in eine Garnierspritze füllen. Frische Erdbeeren mit Honig vorsichtig mischen. Die Feigen auf die Fruchteisbällchen legen und mit Sahne garnieren. Die Erdbeeren darübergeben und mit Walnußstücken bestreuen. Sofort servieren.

WIDDER-VOLLMONDTAG

Ein Widder-Vollmondtag fällt immer in den Monat nach Herbstbeginn. Es ist die Zeit der Weinernte und ausgelassener Feste. Für einen derartigen Anlaß ist unser Festmahl gedacht.

Lammkoteletts mit Limette und Pastis

Urig und die Tatkraft fördernd

Zutaten:

8 Lammkoteletts · 3 EL Olivenöl
Saft von 2 Limetten · abgeriebene Schale
einer unbehandelten Limette oder Zitrone
2 Knoblauchzehen, fein gehackt oder gepreßt
50 g Butter · 4 EL Pastis
(z. B. Pernod, Raki oder Ouzo)
Salz · Pfeffer aus der Mühle

Die Lammkoteletts gut entfetten, sie in Form einer Nuß um sich selbst drehen, mit einem Zahnstocher zusammenhalten und in eine Schüssel schichten. Das Öl, die Hälfte des Zitronensafts und die abgeriebene Zitronenschale mit dem Knoblauch mischen, gut pfeffern. Diese Sauce über die Lammkoteletts verteilen. Zugedeckt mindestens 1 Stunde (oder auch bis zu 3 Tagen) marinieren. Dann das Fleisch aus der Marinade nehmen, gut abtropfen lassen. In einer Pfanne die Butter erhit-

zen, die Lammkoteletts zunächst rundherum leicht anbraten, dann ungefähr 5 Minuten pro Seite bei guter Hitze schön Farbe nehmen lassen. Das Fleisch herausnehmen und in einem Topf warm halten. Das Bratfett mit dem Pastis, dem Rest der Marinade und dem restlichen Zitronensaft unter Rühren loskochen, salzen, pfeffern und diese Sauce über die Lammkoteletts geben. Die Koteletts mit Pellkartoffeln servieren. Dazu schwerer oder neuer Rotwein.

ABNEHMENDE WIDDER-MONDTAGE

Abnehmende Widder-Mondtage sind Phasen größter körperlicher wie geistiger Kraft.

Scharfe Bohnenpaste

Weckt südländisches Temperament

Zutaten:

150 g rote Bohnen · 350 ml Wasser
1 Zwiebel · 1 Knoblauchzehe · 2 vollreife Tomaten
2 getrocknete rote Pfefferschoten (Peperoni)
1 EL kaltgepreßtes Maiskeimöl
2 EL Rotweinessig · Vollmeersalz
1 EL frisch gehackte Petersilie

Die Bohnen in dem Wasser 8 Stunden zugedeckt einweichen. Einmal aufkochen und zugedeckt bei schwacher Hitze 1 1/2 Stunden leise köcheln lassen. Inzwischen die Zwiebel und den Knoblauch schälen und fein hacken. Die Tomaten mit kochendem Wasser überbrühen, häuten und würfeln, dabei die Stielansätze entfernen. Die Pfefferschoten zerkleinern. Öl in der Pfanne erhitzen. Die Zwiebel und den Knoblauch glasig braten. Die Tomaten, die abgetropften Bohnen und die Pfefferschoten dazugeben. Alles bei starker bis mittlerer Hitze unter häufigem Umrühren schmoren, bis die Flüssigkeit, die sich ge-

bildet hat, wieder verdampft ist. Die Mischung im Mixer pürieren, mit dem Essig und Salz abschmecken und mit der Petersilie bestreut anrichten. Eignet sich als Brotaufstrich, zu Kartoffeln und als Füllung für Crêpes.

Anmerkung: Aufgrund ihrer Farbe und ihres hohen Eiweißgehaltes sind rote Bohnen, Kidney- oder Nierenbohnen typische »Feuer-Speisen«. Sie können sowohl an Widder- als auch an Löwe- und Schütze-Mondtagen gegessen werden.

Paprikahuhn

Feurig, belebend und sättigend

Zutaten:

1 junges Masthuhn · 30–40 g Butter oder Öl
1 Zwiebel · 1 EL scharfer Paprika
2 EL Tomatenmark · Salz · $^3/_8$ l Brühe
2 TL Mehl · 4 EL Sahne · etwas Rotwein
Zitronensaft · 1 Prise Zucker

Vorbereitetes Huhn vierteln, in heißer Butter mit Zwiebeln schön anbräunen. Paprika und Tomatenmark zugeben, salzen, gut durchdünsten, mit etwas heißer Brühe aufgießen und in geschlossenem Topf (Römertopf) bei mäßiger Hitze in der Backröhre gar dünsten. Bei Bedarf jeweils etwas Flüssigkeit nachgießen. Garzeit etwa 1 Stunde. Wenn das Huhn gar ist, aus dem Topf nehmen, warm halten. Die Sauce mit Mehl bin-

den. Mit Sahne, Wein, Zitronensaft und Zucker abschmecken. Das Huhn in der Sauce anrichten. Als Beilage: Reis, Salzkartoffeln, Salate.

Palatschinken mit Erdbeerquark

Süß und kräftigend

Zutaten:

125 g Mehl (Type 405 oder 1050) · 2 Tassen Milch
2 Eier · 250 g Erdbeeren · 8 EL Magerquark
1 Handvoll Rosinen · einige Tropfen Zitronensaft
4 TL Zucker · 2 TL abgeriebene Zitronenschale
4 EL Erdbeermarmelade · 8 Minzeblätter

Mehl mit Milch und Eiern verquirlen. Eine beschichtete Pfanne erhitzen, jeweils 2 EL Teig hineingeben und 8 dünne Pfannkuchen ausbacken. Erdbeeren waschen und in kleine Stücke schneiden. Mit Quark, Rosinen, Zitronensaft, Zucker und Zitronenschale verrühren. Die Pfannkuchen mit Erdbeermarmelade und der Füllung bestreichen und aufrollen. Mit einem Minzeblatt pro Pfannkuchen servieren.

Der Mond ist der Bauern Kalender.

Alte Wetterregel

Milch mit Erdbeeren und Cornflakes

Zum Frühstück, als Dessert oder zwischendurch

Zutaten:

400 g Erdbeeren · 4 Tassen Cornflakes
1 EL Zucker oder Honig · 4 Tassen Milch

Erdbeeren waschen, putzen, zerkleinern und zu den Cornflakes geben. Mit Zucker bestreuen und mit Milch übergießen.

STIER-MONDTAGE

Stier-Mondtage wecken den Wunsch nach Reichtum und Sinnlichkeit. Für den Stier-Mond steht die Farbe Grün. Sein Element ist Erde.

Nahrungs- und Würzmittel:

Basilikum – Gurke – Karotte – Koriander – Lauch – Muskat – Nelke – Oregano – Paprikagewürz süß – Rosmarin – Rote Bete – Salz – Schalotte – Schnittlauch – Schwarzwurzel – Spargel – Zimt

An Stier-Mondtagen werden Wurzelpflanzen, grüne und/oder salzige, stark duftende, die Sinne ansprechende Nahrungsmittel und Gewürze gut vertragen.

STIER-NEUMONDTAG

Ein Stier-Neumondtag fällt immer in die Zeit zwischen 21. April und 20. Mai, eine blühende, fruchtbare und lebensbejahende Phase der Natur. Unser Essensvorschlag gleicht daher eher einem Potpourri aus den frischen Genüssen der Zeit.

Belegte Knäckebrote

Bunt wie der Mai

Zutaten:

16 Knäckebrote · Butter oder Pflanzenmargarine
leichter Frischkäse · Salatcreme · Cremequark
1 Bund Schnittlauch · 1 Bund Radieschen
1 Salatgurke · 1 Stange Lauch · 1 Schalotte
2–3 Karotten · 5–7 Stangen Spargel, gekocht
Paprikagewürz süß · Koriander · Basilikum
Salz · Pfeffer · Zitronensaft

Die Brote mit Butter (Margarine), Quark, Frischkäse oder Salatcreme bestreichen. Schnittlauch kleinschneiden, Radieschen und Gurke (mit Schale) in dünne Scheiben schneiden. Lauch und Schalotte in Ringe schneiden, Karotten hobeln. Beim Belegen und Würzen der Brote ist der Phantasie keine Grenze gesetzt. Beinahe alles kann miteinander kombiniert werden. Es

folgen einige bewährte Zusammenstellungen: Butter mit Radieschen und Schnittlauch; Butter mit Schnittlauch; Quark mit Schnittlauch; Frischkäse mit Karotten, Pfeffer und etwas Koriander; Salatcreme mit Gurken und Paprika; Butter mit Spargel, Salz, Pfeffer und einem Spritzer Zitronensaft; Butter, Lauchringe gefüllt mit Karotten, Basilikumblatt, Salz und Pfeffer; Quark mit Schalottenringen, Paprika, Salz und Pfeffer.

Zunehmende Stier-Mondtage

An diesen Tagen nimmt man besonders schnell an Gewicht zu.

... Als dies geschehen war, ging die Kleine nach der Sonne zu, und es ging da gerade wieder wie beim Winde, die Sonne kochte sich gerade eine Hühnersuppe für sich selbst, daher es damit sehr geschwind ging, hatte auch den weißen Wolf nicht gesehen und lud die Prinzessin zum Mitessen ein. »Du mußt den Mond fragen, denn wahrscheinlich läuft der weiße Wolf nur des Nachts, und da sieht der Mond alles.« Als nun die Königstochter mit der Sonne gegessen und die Knöchlein gesammelt hatte, ging sie weiter und fragte den Mond. Auch er kochte Hühnersuppe und sagte: »Es ist fatal, ich habe jetzt nicht geschienen, oder ich bin zu spät aufgegangen, ich weiß gar nichts vom weißen Wolf.« Da weinte das Mädchen und rief: »O Himmel, wen soll ich nun fragen?« – »Nun, nur Geduld, mein Kind«, sagte der Mond, »vor Essen wird kein Tanz, setze dich und iß erst die Hühnersuppe mit mir und nimm auch die Knöchelchen mit, du wirst sie wohl brauchen ...«

Ludwig Bechstein, *Der weiße Wolf*

Tzatziki

Gruß aus Kreta

Zutaten:

250 g Salatgurke · 4 Knoblauchzehen
250 g Sahnequark · 150 ml Sahnejoghurt
1 EL Essig · Salz · Pfeffer
1 Bund Dill

Salatgurke mit kaltem Wasser gründlich waschen. Grob in eine Rührschüssel raspeln. Wasser etwas herausdrücken und in eine Tasse gießen. Sahnequark und Sahnejoghurt mit zerdrücktem oder kleingehacktem Knoblauch unterrühren. Salzen, pfeffern und mit 1 EL Essig säuern. Mit dem Gurkenwasser eventuell etwas flüssiger rühren. Dill fein schneiden und kurz vor dem Servieren unter die übrigen Zutaten mischen.

Gurkensalat

Frisch und saftig

Zutaten:

1–2 Gurken · 2–3 EL Olivenöl
2–3 EL Essig · Salz · Pfeffer · Dill
1 Prise Zucker

Gurken waschen und schälen (Gurken aus biologischem Anbau brauchen nicht geschält zu werden). Gurken fein schneiden oder hobeln, kurz vor dem Anrichten mit Salatmarinade (Öl, Essig, Salz, Pfeffer, Dill, Zucker) anmachen, abschmecken und sofort servieren.

Rote Bete, gedämpft

Gibt dem Körper Masse

Zutaten:

5–6 mittelgroße rote Beten
2 EL Butter · 2 EL Zitronensaft
1 EL Korianderpulver

Rote Bete schälen und in etwa $\frac{1}{2}$ cm dicke Scheiben schneiden. Etwas Wasser in einen mittelgroßen Topf gießen, Korb zum Dämpfen einsetzen und Wasser zum Kochen bringen. Die Rote-Bete-Stücke in den Korb geben und in etwa 20–25 Minuten gar dämpfen.

Butter in einer kleinen Pfanne schmelzen. Das abgetropfte Gemüse in eine Servierschüssel geben. Butter, Zitronensaft und Koriander darübergeben und gut miteinander vermischen.

Florentiner Spargel

Macht sinnlich

Zutaten:

1,5 kg Spargel · 4 Eier
120 g Butter · 50 g geriebener Parmesankäse
Salz · schwarze Pfefferkörner

Den Spargel waschen, vom Kopf her schälen und »hölzerne« Teile entfernen. Den Spargel zusammenbinden und unten gleichmäßig abschneiden. Den Bund aufrecht in einen hohen, schmalen Topf stellen und mit Salzwasser bedeckt etwa 20 Minuten garen. Während der Kochzeit den Deckel nicht heben. Den Spargel vom Feuer nehmen, er sollte noch bißfest sein, abtropfen lassen und losbinden. In einer Pfanne 70 g Butter erhitzen und die Spargelstangen bei mittlerer Hitze einige Minuten darin wenden. Den geriebenen Parmesankäse und den frisch gemahlenen Pfeffer darüberstreuen, von der Kochstelle nehmen. Den Spargel auf einer Platte anrichten. In der Zwischenzeit in der restlichen Butter die Spiegeleier braten und auf den Spargel legen. Dazu Pellkartoffeln reichen.

STIER-VOLLMONDTAG

Der Vollmond im Stier fällt stets zwischen den 24. Oktober und 22. November. Somit begegnen sich Herbst und Frühling, Leben und Tod. Es ist ein Tag und eine Nacht, wo Gegensätze magisch verschmelzen. Unser Vollmondgericht besteht aus Schwarzwurzeln, einem uralten Wurzelgemüse, das als Allheilmittel gegen Schlangenbiß galt und zur Steigerung der Potenz diente.

Schwarzwurzeln
mit Kümmel-Koriander-Sauce

Die Kraft der dunklen Erde

Zutaten:

4 EL Essig · 1 kg Schwarzwurzeln
1 EL Kümmel · $\frac{1}{2}$ EL Korianderkörner
350 ml Sahne · 1 EL Aceto Balsamico
Saft und Schale von 1 unbehandelten Zitrone
Salz · weißer Pfeffer aus der Mühle
2 EL Petersilie, gehackt

Wasser und Essig in eine große Schüssel geben. Die Schwarzwurzeln waschen, schälen und sofort in die vorbereitete Flüssigkeit geben, damit sie ihre weiße Farbe nicht verlieren (Fermentwirkung). Das Gemüse in 3–4 cm lange Stücke schnei-

den. In kochendem Salzwasser mit etwas Zitrone, der Hälfte des Korianders und des Kümmels garen. In der Zwischenzeit die Sahne mit dem restlichen Kümmel und Koriander, dem Aceto Balsamico sowie Zitronensaft und -schale, Salz und Pfeffer etwa 8–10 Minuten sämig einkochen. Die Schwarzwurzeln auf einem Sieb abtropfen lassen und unter die cremige Sahnesauce mischen. Im Backofen 3–4 Minuten erhitzen, mit Petersilie bestreuen und servieren.

Dazu passen Pellkartoffeln.

ABNEHMENDE STIER-MONDTAGE

An diesen Tagen kann man besonders gut und geschickt mit den Händen arbeiten. Reichtum läßt sich vergrößern.

Karotten süßsauer

Ein etwas anderer Geschmack

Zutaten:

700 g Karotten · 3 EL Butter
3 EL Ahornsirup · Saft von 1 Zitrone
schwarzer Pfeffer aus der Mühle · Salz
1 Prise Kümmel · 1 Kästchen Kresse

Die Karotten schälen und schräg in ca. 1 cm dicke Scheiben schneiden. In einen Topf geben, knapp mit Wasser bedecken, salzen, aufkochen, dann 7 Minuten bei schwacher Hitze kochen. Die Karotten in ein Sieb schütten und gut abtropfen lassen. In einer großen Pfanne die Butter erhitzen. Ahornsirup zufügen und einmal aufwallen lassen. Die Karotten hineingeben und 5 Minuten dünsten. Mit dem Zitronensaft beträufeln und mit Salz, Pfeffer und Kümmel würzen. Zum Schluß die Kresse unter fließendem Wasser abbrausen, die Blättchen abschneiden und über das Gericht streuen. Etwas abkühlen lassen und servieren.

Laucheintopf

Schmeckt und sättigt

Zutaten:

10 gekochte Kartoffeln · 4 Stangen Lauch
2 Tassen Wasser · 2 TL Instant-Brühe
4 EL Crème fraîche · 2 EL Senf
Salz · Pfeffer
4 Paar Wienerle oder Bockwurst nach Belieben
3 Scheiben Brot · Butter

Kartoffeln pellen und kleinschneiden, Lauch in Ringe schneiden. Kartoffeln und Lauch in einen Topf oder in eine Pfanne
geben. Wasser, Instant-Brühe, Crème fraîche und Senf verrühren und zum Gemüse geben. Alles gut mischen und 3–5
Minuten köcheln lassen. Gelegentlich umrühren. Mit Salz und
Pfeffer abschmecken. Die Wurst in Stücke schneiden und kurz
mitkochen. Brot in Würfel schneiden, in der Pfanne mit etwas
Butter kurz anrösten und über den Eintopf streuen. In einer
Suppenschüssel servieren.

Wenn der Mond hat einen Ring,
so folgt der Regen allerding.

Alte Wetterregel

Grießbrei mit Zimt und Nelken

Schnell gekocht – lange sättigend

Zutaten:

1 $\frac{1}{2}$ l Milch · 100 g Stärkemehl
150 g Grieß · 1 Prise Salz
2 Zimtstangen · 5 Nelken
Zimt, gemahlen · brauner Zucker
Saft von 1 Zitrone

Milch mit Salz, Zimtstangen und Nelken zum Kochen bringen. Stärkemehl mit wenig zurückbehaltener kalter Milch glatt rühren und in die kochende Milch einrühren. Unter ständigem Rühren bei schwacher Hitze aufkochen. Grieß unter Rühren in die kochende Milch einstreuen und 5–10 Minuten gar kochen. Auf Teller verteilen. Mit Zimt und braunem Zucker bestreuen. Zum Schluß mit Zitronensaft beträufeln.

Müsli mit Orangensaft und Zimt

Den Tag schwungvoll beginnen

Zutaten:

4 Tassen Müsli · 4 Tassen frisch
gepreßter Orangensaft · Zimt, gemahlen
brauner Zucker oder Honig

Müsli mit Orangensaft übergießen und Zimt und Honig
(Zucker) darübergeben.

ZWILLINGS-MONDTAGE

Zwillings-Mondtage verleihen Fröhlichkeit, geistige Wendigkeit und wecken den Wunsch, auszugehen und anderen Menschen zu begegnen. Für den Zwillings-Mond steht die Farbe Gelb. Sein Element ist Luft.

Nahrungs- und Würzmittel:

Blumenkohl – Distelöl – Gans – Gerste – Hafer – Kakao – Nudeln – Pinienkerne – Safran – Sesam – Senf – Walnuß – Weizen – Weizenkeimöl – Wildschwein

> An Zwillings-Mondtagen gehören fett- und ölhaltige Nahrungsmittel beziehungsweise mit Öl und Fett zubereitete Speisen auf den Tisch.

... von den Einwohnern des Mondes aber ist keiner unter sechsunddreißig Fuß. Der Name, den die letztern führen, ist etwas sonderbar. Sie heißen nicht Menschen, sondern kochende Geschöpfe, weil sie ebenso wie wir ihre Speisen beim Feuer zurechtmachen. Übrigens nimmt ihnen das Essen sehr wenig Zeit weg; denn sie öffnen nur die linke Seite und schieben die ganze Portion auf einmal in den Magen hinein; dann schließen sie wieder zu, bis nach Verfluß eines Monats derselbe Tag wiederkommt. Sie haben mithin das ganze Jahr hindurch nicht mehr als zwölf Mahlzeiten – eine Einrichtung, die jeder, der kein Fresser oder Schlemmer ist, der unsern weit vorziehen muß ...

Gottfried August Bürger, *Münchhausen*

51

Zwillings-Neumondtag

Ein Zwillings-Neumondtag – beziehungsweise die Nacht – ist günstig für jeden geistigen Neubeginn.

Unser Diätvorschlag für den Zwillings-Neumondtag ist das bekannte Studentenfutter aus Nüssen und getrockneten Früchten.

Studentenfutter

Nährt den Geist, macht spritzig und witzig

Zutaten:

100 g Walnußkerne, geviertelt
100 g Haselnußkerne · 100 g Mandelkerne
100 g Pinienkerne · 100 g Cashewkerne
50 g Leinsamen · 50 g Weintrauben, getrocknet
50 g Pflaumen, getrocknet
50 g Aprikosenringe, getrocknet
50 g Apfelscheiben, getrocknet
4 l frische Obstsäfte · 8 l Quellwasser
(alle Nüsse und Früchte aus biologischem
Anbau bzw. unbehandelt)

Die Nüsse und Früchte werden in einer Holzschale gemischt und für vier Personen entsprechend portioniert. Man ißt davon

morgens, mittags und abends. Dazwischen wird Obstsaft und reichlich Wasser getrunken.

Anmerkung: Walnüsse gelten wegen der optischen Ähnlichkeit mit dem menschlichen Gehirn als natürliches Zwillingsmittel, das den Geist anregt, die Konzentrationsfähigkeit verbessert und das Gehirn aufbaut.

ZUNEHMENDE ZWILLINGS-MONDTAGE

An diesen Tagen ist es günstig, über sich und sein Tun nachzudenken, Erfahrungen zu machen und sich mit anderen auszutauschen.

Würziger Haferschleim

Ein schnell zubereitetes, wärmendes Frühstück
für einen kalten Morgen

Zutaten:

1 $\frac{1}{2}$ Tassen Haferflocken grob oder fein
(nach Geschmack) · $\frac{1}{2}$ l Wasser
$\frac{1}{4}$ TL Salz · 1 EL Rosinen
3–4 Kardamomsamen · $\frac{1}{4}$ TL Zimt
$\frac{1}{4}$ TL Ingwerpulver

Haferflocken, Rosinen, Salz und Wasser zum Kochen bringen. Restliche Zutaten einrühren und bei kleiner Hitze 2–10 Minuten kochen (die Kochzeit ist abhängig von der Konsistenz der Haferflocken).

Weizenkeim-Müsli

Herzhaft und stärkend

Zutaten:

200 g Weizen, grob geschrotet
200 ml Wasser · 4 TL Öl
100 g Weizenkeimlinge · 4 Becher Vollmilchjoghurt
1 TL saure Sahne · 250 g Karotten
6 EL gehackte Kräuter · 1 Prise Kräutersalz

Den Weizen grob schroten, das Wasser dazugeben und alles zusammen abgedeckt im Kühlschrank stehenlassen. Am nächsten Morgen Öl, Joghurt, saure Sahne und Weizenkeimlinge dazugeben. Die Karotten grob raffeln, die Kräuter zufügen und alles miteinander mischen.

Spaghetti al Pesto e vino bianco

Weckt italienisches Temperament

Zutaten:

3 große Knoblauchzehen
4 Tassen Basilikumblätter · 4 EL Pinienkerne
50 g Parmesan, gerieben · $1/4$ Tasse Olivenöl
2 EL Weißwein · Salz · Pfeffer
500 g Spaghetti, evtl. aus Weizenvollkornmehl

Den geschälten Knoblauch im Mörser oder einer Knoblauch-
presse zerdrücken. Die Basilikumblätter hinzufügen und alles
fein zerstampfen. Die Pinienkerne etwas gröber pürieren und –
bis auf 1 EL – dazugeben. Die Hälfte des Parmesan einrühren.
Das Öl nach und nach zugeben, bis eine dicke Paste entsteht.
Mit 2 EL Weißwein, Salz und Pfeffer abschmecken. Über Nacht
im Kühlschrank stehenlassen.
Spaghetti in 2 l kochendem Salzwasser »al dente« (mit »Biß«)
kochen, dabei gelegentlich umrühren. In einem Sieb gut abtropfen lassen. Nicht abschrecken. In den Topf zurückgeben
und mit dem Pesto gut mischen. Auf vier Teller verteilen und
mit dem Rest Pinienkerne und dem Parmesan bestreuen.
Dazu einen gekühlten leichten Weißwein trinken.

Gerstenburger mit Gurkensalat

Weckt Zwillingskräfte

Zutaten:

400 g Gerstenkörner · 1 l Wasser
2 Zwiebeln · 50 g Sonnenblumenkerne
4 Eier · 50 g frisch geriebener Bergkäse
Vollmeersalz · 1 TL gemahlener Koriander
2 TL getrockneter Oregano

2 mittlere Salatgurken · 1 Bund Dill
200 ml saure Sahne · 2 EL Apfelessig
2 TL kaltgepreßtes Maiskeimöl

Zum Backen:
4 EL kaltgepreßtes Sonnenblumenöl

Gerste mit dem Wasser einmal aufkochen, zugedeckt bei schwacher Hitze 1 Stunde kochen und auf der abgeschalteten Kochstelle 1 weitere Stunde quellen lassen.
Die Zwiebel schälen und fein hacken. Die Gerste gegebenenfalls abgießen, mit den Zwiebeln, den Sonnenblumenkernen, den Eiern und dem Käse vermischen. Die Masse mit wenig Salz, dem Koriander und dem Oregano würzen.
Öl in einer Pfanne erhitzen. Aus dem Teig handtellergroße Burger formen, in die Pfanne geben, bei mittlerer bis schwacher Hitze auf der Unterseite etwa 5 Minuten backen. Die Burger wenden, weitere 2 bis 3 Minuten backen, herausnehmen und warm halten.

Gurken waschen, von der Blüte zum Stielende dünn schälen, fein schneiden oder hobeln. Den Dill waschen, trockenschwenken und fein hacken. Beide Zutaten mit der sauren Sahne mischen. Den Salat mit Salz, Essig und Öl abschmecken und zu den Gerstenburgern servieren.

Zwillings-Vollmondtag

Der Vollmond in den Zwillingen fällt stets zwischen den 23. November und den 21. Dezember. Es ist ein festlicher Jahresabschnitt, der in vielen Kulturen von Feiern und üppigen Essen begleitet wird. Unser Festvorschlag: Gänsebraten.

Gänsebraten

Ein Festschmaus

Zutaten:

1 kleine Gans, schlachtfrisch
1 TL Salz · $\frac{1}{2}$ TL weißer Pfeffer, gemahlen
1 TL Majoran, frisch oder getrocknet
1 TL Kümmel, ganz oder gemahlen
circa 50 g Butter · 1–2 TL Cognac
$\frac{1}{2}$ TL Eiswasser · $\frac{1}{2}$ Bund Petersilie

Die bratfertige Gans innen mit Salz, Pfeffer, Majoran und Kümmel gründlich einreiben. Butter in der Bratpfanne erhitzen und die Gans von allen Seiten – bei geringer Hitze – langsam anbraten. Diese Prozedur ist nötig, damit das Fett ausbrät. Dann die Gans auf eine Seite legen und zugedeckt im heißen Rohr 15 Minuten braten, anschließend mit Bratensaft begießen. Die Gans umdrehen und das Ganze noch zweimal wiederholen:

also stets 15 Minuten braten und dann mit Saft übergießen. Den Deckel von der Bratpfanne entfernen. Die Gans rundum mit Bratensaft beträufeln. Bei starker Oberhitze unter öfterem Wenden bräunen lassen. Zwischendurch immer wieder mit Bratensaft begießen. Zum Schluß mit einer Mischung aus Eiswasser und Cognac bepinseln. Bratensaft abgießen und in einer Extraschüssel servieren. Als Beilage eignen sich Kartoffelknödel oder Spätzle. Einen dunklen schweren Rotwein dazu reichen.

Abnehmende Zwillings-Mondtage

Tage, an denen geistige Höchstleistungen möglich sind.

Safranhühnersuppe mit Ingwer

Macht müde Geister munter

Zutaten:

1 Suppenhuhn · 1 Zwiebel
2 EL Wein · 1 Bund Suppengrün
1 TL frischer Ingwer, kleingehackt
1 Dose Safranfäden (0,15 g)
1 EL Salz · 1 $\frac{1}{2}$ l Wasser
$\frac{1}{2}$ TL Pfeffer, gemahlen · Petersilie

Das Huhn zerteilen und die kleingehackte Zwiebel, Salz, Pfeffer, Ingwer, Safran (die Safranfäden zwischen den Fingern zerreiben), Suppengrün und Wein dazufügen. Eine halbe Stunde ziehen lassen. Das Wasser zum Kochen bringen, sämtliche Zutaten hineingeben und alles 2 Stunden köcheln lassen. Das Fleisch von den Knochen lösen und kleinschneiden. In die Suppe geben, diese in Suppenschalen servieren und mit Petersilie bestreuen.

Anmerkung: Der gelbe Safran ist von Farbe und Wirkung her ein ausgesprochenes Zwillingsgewürz.

Safranreis

Der Geschmack des Orients

Zutaten:

2 EL Olivenöl · 50 g Zwiebeln, fein gehackt
250 g Naturreis, gut gewaschen
1/2 l Gemüsebrühe
1 Dose Safranfäden (0,15 g)

Das Olivenöl in einem Topf erhitzen, die Zwiebeln 5 Minuten andünsten, den Reis dazugeben und unter Rühren 3 Minuten anbraten, bis alle Reiskörner gut mit Öl überzogen sind und glasig werden. Mit der Gemüsebrühe aufgießen, die Safranfäden zwischen den Fingern zerreiben und dazugeben. Reis bei geschlossenem Topf auf großer Flamme zum Kochen bringen, auf kleine Flamme schalten, zugedeckt 45 Minuten kochen, vom Feuer nehmen und weitere 10 Minuten zugedeckt ausquellen lassen.

Vollkornnudeln mit Walnüssen

Hält körperlich und geistig fit

Zutaten:

500 g Vollkornnudeln (Bandnudeln)
2 große Knoblauchzehen · 2 Bund Basilikum
2 rote oder grüne Pfefferschoten (Peperoni)
4 EL kaltgepreßtes Olivenöl
50 g gehackte Walnußkerne
2 EL Parmesan, gerieben
1 TL Semmelbrösel

Knoblauchzehen schälen und hacken. Das Basilikum waschen, trockentupfen und zerkleinern. Die Pfefferschoten aufschneiden und von den Kernen befreien. Das Olivenöl in einer Pfanne heiß werden lassen. Die Pfefferschoten darin 5 Minuten rösten, herausnehmen und wegwerfen. Knoblauch, das Basilikum und die Nüsse im Öl erhitzen. Die Nudeln »al dente« kochen, zuerst mit den Semmelbröseln (erleichtert Bindung mit dem Öl) und dann mit dem Basilikum-Nußöl vermischen. Mit Parmesan bestreuen.

KREBS-MONDTAGE

An Krebs-Mondtagen beherrscht das Gefühl den Verstand. Das Leben sucht Einkehr und sehnt sich nach Geborgenheit. Für den Krebsmond steht die Farbe Blau. Sein Element ist Wasser.

Nahrungs- und Würzmittel:

Ahornsirup – Aubergine – Austern – Brauner Zucker – Couscous – Grünkern – Honig – Likör – Kohlrabi – Kopfsalat – Kürbis – Mais – Melone – Miesmuscheln – Hummer – Sauerampfer – Spinat – Sprossen

An Krebs-Mondtagen werden kohlehydrat- und stark wasserhaltige Nahrungsmittel gut verdaut. Außerdem sind viele Meerestiere Krebsspeisen.

Bei Mondenschein

Gestern bei Mondenschein ging ich spazieren
In dem Hausgärtelein bei Mondenschein.

Da saß ein Mägdelein wohl ganz alleine
In dem Hausgärtelein bei Mondenschein.

Mägdelein, was machst du hier so ganz alleine
In dem Hausgärtelein bei Mondenschein?

Ich bind ein Kränzlein von grünen Zypressen
In dem Hausgärtelein bei Mondenschein.

Es soll dem Liebsten sein, wenn er wird kommen
In das Hausgärtelein bei Mondenschein.

Österreich-Schlesisches Volkslied

KREBS-NEUMONDTAG

Ein Krebs-Neumondtag fällt immer auf den ersten Sommermonat nach der Sonnenwende. Es ist die Zeit der Früchte und Beeren. Mit einem Früchtetag läßt sich der Organismus entgiften. Auch ein Diättag mit rohem Gemüse ist günstig.

Sprossensushis

Same – Keim– Leben

Zutaten:

Nori (Seetang), in 5 cm breite Streifen
geschnitten · selbstgezogene Sprossen
(Alfalfa, Radieschen, Mungobohnen,
Sonnenblumen, Linsen, siehe Seite 8)
1 Avocado (in Streifen geschnitten)
1 Schälchen Sojasauce

Das Nori auf einer heißen Herdplatte rösten, bis es leicht grünlich wird. Sprossen nach Wahl mit den Avocadostreifen in das Nori wickeln und zum Essen in die Sojasauce tunken.

ZUNEHMENDE KREBS-MONDTAGE

An zunehmenden Krebs-Mondtagen suchen die Menschen Häuslichkeit und Geborgenheit.

Buttermilch-Spinat-Getränk

Macht hoffnungsfroh

Zutaten für 2 Gläser:

150 g Spinat · 50 g Sauerampfer
1 kleine Zwiebel · $\frac{1}{2}$ l Buttermilch · Kräutersalz
Pfeffer · Limonensaft
1–2 TL Pistazien, gehackt

Die Zwiebel grob hacken, zusammen mit Spinat und Sauerampfer im Mixer zerkleinern, Buttermilch zufügen und aufschlagen. Mit Kräutersalz, Pfeffer und Limonensaft abschmecken. In die Gläser geben und mit den leicht gerösteten Pistazienkernen bestreuen.

Sauerampfersuppe

Selberpflücken macht Spaß

Zutaten:

500 g Sauerampfer · 1 Bund Frühlingszwiebeln
40 g Butter · gut $^3/_4$ l Gemüsebrühe (oder $^1/_2$ l Brühe
und $^1/_4$ l trockener Weißwein) · 1 Eigelb
150 ml süße Sahne
Muskat · Pfeffer · Kräutersalz

Sauerampfer waschen, die Stiele entfernen und die Blätter
grob hacken; eine Handvoll beiseite stellen. Die kleingeschnittenen Zwiebeln in der heißen Butter glasig dünsten, den Sauerampfer kurz mitdünsten. Die Gemüsebrühe (und eventuell
den Wein) angießen und ungefähr 10 Minuten bei kleiner Hitze
köcheln. Abschalten, die Suppe pürieren und das mit der
Sahne verrührte Eigelb unterziehen. Mit Muskat, Pfeffer und
Salz abschmecken und den zurückbehaltenen Sauerampfer
darüberstreuen.

Auberginen mit Korinthen

Eine »korinthische« Vorspeise

Zutaten:

4 mittelgroße Auberginen
40 g Mandeln, geschält und halbiert
Butter · 4 EL Korinthen
2 Glas Dessertwein · $1/4$ l Sahne

Die Mandeln in etwas Butter anrösten. Die Auberginen kurz in heißes Wasser legen, schälen und in circa 1 cm große Würfel schneiden, mit den Korinthen mischen und sofort zu den Mandeln geben. Den Dessertwein dazugießen, circa 15–20 Minuten bei mäßiger Hitze dünsten. Vom Feuer nehmen, die steif geschlagene Sahne unterziehen und mit Toast servieren.

Imam Bayıldı

Ein Klassiker – einfach umwerfend

Zutaten:

4 mittelgroße Auberginen
4 mittelgroße Zwiebeln · 4 Knoblauchzehen
1–2 Bund Petersilie · 1 Tasse Olivenöl
2 Tomaten · 4 grüne Peperoni
Salz · Pfeffer · Rosenpaprikapulver

Die Auberginen waschen, die Stengelansätze abschneiden und längs einmal tief einschneiden. In die so entstandene Öffnung Salz streuen, für 20 Minuten beiseite stellen. Die Zwiebeln halbieren und in feine Scheiben schneiden, den Knoblauch würfeln, die Petersilie hacken. Nun das Salz aus den Auberginen brausen, trockentupfen und die Auberginen mehrmals mit einer Gabel einstechen. Im heißen Öl rundherum schön anbraten, aus der Pfanne nehmen. Im Öl Zwiebeln und Knoblauch glasig dünsten, würzen und die Petersilie untermengen. Die Auberginen mit dem Schlitz nach oben in eine gefettete feuerfeste Form setzen. Die Öffnungen weiten (am besten mit den Fingern) und mit der Zwiebelmasse füllen. Die Peperoni halbieren, die Tomaten in Scheiben schneiden und über die gefüllten Auberginen legen. Eine halbe Tasse Wasser zugießen und im Backofen bei mittlerer Hitze ungefähr eine halbe Stunde garen. Abgekühlt als Vorspeise servieren (schmeckt aber auch warm).

Spinatspätzle

Schwabentraum in Grün

Zutaten:

120 g Spinat, geputzt · 350 g Mehl
3 Eier · Kräutersalz · 1 Prise Muskat
etwa $\frac{1}{8}$ l Milch · 1 EL Butter
200 g gekochter Schinken
2 EL Weißwein · $\frac{1}{8}$ l Sahne · Salz · Pfeffer
2 EL geriebener Parmesan

Den abgetropften Spinat im geschlossenen Topf bei mittlerer Hitze zusammenfallen lassen, dann sehr fein hacken oder passieren. Mehl, Salz, Eier und Spinat mit der Milch zu einem festen, glatten Spatzenteig schlagen. Den Teig portionsweise mit der Spätzlepresse in sprudelnd kochendes Salzwasser drücken, kurz kochen und mit dem Schaumlöffel herausnehmen; abtropfen lassen. In einer Pfanne die Butter zerlassen, den gewürfelten Schinken zugeben, andünsten und mit Wein ablöschen. Die Sahne unterrühren, die Spätzle daruntermischen. Mit Pfeffer und eventuell noch etwas Salz abschmecken. Mit geriebenem Käse und Salat servieren.

Sieben-Kräuter-Salat

Wohl dem, der ein Hausgärtlein hat

Zutaten:

1 kräftiger Kopfsalat · je 2–3 Rettich-,
Sauerampfer-, Borretsch-, Salbei-
und Melissenblätter · Schnittlauch · Petersilie
Sahne (oder Joghurt mit etwas Öl)
Zitrone · Kräutersalz

Den geputzten, gewaschen Kopfsalat zerpflücken, in eine Schüssel geben, die Kräuter und Blätter in Streifen schneiden, Petersilie hacken, Schnittlauch in Röllchen schneiden. Alles zum Kopfsalat geben. Aus Sahne (oder Joghurt mit ein paar Tropfen Öl), Zitrone und Salz eine Sauce rühren und den Salat damit anmachen.

Spinat-Hafer-Bratlinge

Eine kernige Kombination

Zutaten:

300 g Haferflocken · $^1/_2$ l Gemüsebrühe
150 g Spinat, geputzt
1 Zwiebel, fein gehackt · 1 EL Mehl
1 Ei · Kräutersalz · Curry · Liebstöckel
Sonnenblumenöl zum Backen

Die Haferflocken in der heißen Gemüsebrühe ausquellen lassen. Den gewaschenen, abgetropften Spinat im geschlossenen Topf bei mittlerer Hitze zusammenfallen lassen, fein wiegen. Mit der Zwiebel unter die Haferflocken mengen. Ei und Mehl dazugeben. Mit den Gewürzen abschmecken. Bratlinge formen und in Öl ausbacken.

Honig-Wassermelonen-Salat

Zutaten:

1 Honigmelone · $^1/_2$ Wassermelone
Saft von 1 Zitrone · 1 EL Sherry
Fenchelhonig · einige Minzeblättchen

Die Melonen entkernen, kleine Bällchen ausstechen (Kugelportionierer) oder sie in mundgerechte Würfel schneiden. Zitrone und Sherry verrühren und mit Honig nach Geschmack süßen. Über die Melonen gießen. Im Kühlschrank eine Stunde durchziehen lassen. Mit den Minzeblättchen garnieren.

KREBS-VOLLMONDTAG

Der Vollmond im Krebs fällt stets in die Zeit zwischen dem 22. Dezember und dem 20. Januar. In manchen Jahren trifft dieses Ereignis mit Weihnachten oder Neujahr zusammen. Unser Austerngericht ist besonders für diesen Anlaß gedacht.

Austern mit Käsegebäck

Schlaraffenlands Traum

Zutaten:

200 g Weizenvollkornmehl · 200 g Butter
1 Prise Salz · 1 TL Paprika
200 g Hartkäse, gerieben (Emmentaler,
Schweizer oder Parmesan)

Zum Bestreichen: Eigelb

Zum Bestreuen: geriebener Käse, etwas
Paprika oder Kümmel und Salz

28 bis 48 Austern · Zitronensaft
etwas Seetang

Das Mehl mit der Butter, dem Salz und etwas Wasser unter Zugabe von geriebenem Hartkäse zu einem geschmeidigen Teig kneten und kalt stellen. Teig ein- bis zweimesserrückendick auswellen, in $1\frac{1}{2}$ cm breite und etwa 10–12 cm lange Stangen schneiden oder Halbmonde ausstechen. Nach dem Formen nochmals kalt stellen, mit Eigelb bestreichen. Nach Belieben mit etwas geriebenem Käse und wenig Paprika oder Salz-Kümmel-Mischung bestreuen. Bei Mittelhitze (190–200 °C) vorsichtig lichtgelb backen; Käsegebäck bräunt sehr leicht und schmeckt dann bitter.

Die Austern erst kurz vor dem Servieren tischfertig machen: gründlich in kaltem Wasser waschen, abtrocknen, öffnen. Dazu Muschelschale so in die linke Hand nehmen, daß die flache Schale nach oben sieht. Mit Austernmesser Deckschale vorsichtig heben, dabei Schnitt dicht unter der oberen Schale durchführen, damit die Austern nicht verletzt werden. Austern waagerecht halten, damit kein Saft auslaufen kann. Auf mit Seetang und Eisstückchen bedeckter Platte servieren. Mit frischem Zitronensaft beträufeln. Man ißt jeweils eine Auster und anschließend mehrere Stücke Käsegebäck. Ist dieses Gericht als Hauptgericht gedacht, sollte man für jede Person wenigstens 10 Austern berechnen. Dazu trinkt man Champagner oder einen sehr trockenen Weißwein.

ABNEHMENDE KREBS-MONDTAGE

An abnehmenden Krebs-Mondtagen ist Verlaß auf das Gefühl.

Kürbiscremesuppe

Eine Suppe, die den Emotionen Kraft verleiht

Zutaten:

1 kg Kürbis, ausgelöst und gewürfelt
200 g Crème fraîche · 1 Tasse Milch
1 TL Meersalz · 1 Prise Muskatnuß
1 Prise weißer Pfeffer
$1^1/_2$ Tassen Hühnerbrühe · 2 EL Butter
2 Scheiben Toastbrot, gewürfelt
2 EL Petersilie, fein gehackt
100 g Käse (Parmesan), gerieben

Den Backofen auf 180 °C vorheizen. Crème fraîche, Milch und Hühnerbrühe mit den Gewürzen mischen und mit den Kürbiswürfeln in eine feuerfeste Form geben. Bei 180 °C etwa 1 Stunde im Backofen garen. Die Brotwürfel in der Butter goldbraun braten, die Suppe pürieren und in Suppentassen verteilen. Brotwürfel, Petersilie und Käse unmittelbar vor dem Servieren darüberstreuen.

Grünkernküchlein

Sättigt, nährt und gibt Kraft

Zutaten:

250 g Grünkernschrot · $1/2$ l Wasser
etwas Suppenwürze · 20 g Butter
1 Zwiebel · 2 EL Petersilie · 2 Eier
Salz · Pfeffer · etwas Fett zum Backen
evtl. zum Panieren Semmelbrösel
1 Ei · 1 TL Öl

Aus Grünkernschrot, Wasser, Salz und etwas Suppenwürze einen dicken Brei kochen, 30–40 Minuten ausquellen lassen. Feingeschnittene Zwiebel und feingehackte Petersilie in Fett andünsten, zum Brei geben, Eier beifügen, mit Salz und Pfeffer abschmecken, abkühlen lassen. Aus der Masse Küchlein formen, nach Belieben panieren, in heißem Fett in der Pfanne auf beiden Seiten schön goldbraun backen.
Als Beilage grüner Salat.
Panieren: Das Ei mit 1 EL Wasser und 1 TL Öl verschlagen. Küchlein zuerst in dieser Tunke und dann in Semmelbröseln wenden. Schmeckt auch kalt mit Sojasauce, Senf, Meerrettich oder Mayonnaise.

Bei rotem Mond und hellem Sterne
Sind Gewitter nicht gar ferne.

Alte Wetterregel

Crêpes mit Ahornsirup

Süß und angenehm

Zutaten:

$1/4$ l Milch · 2 Eier · Salz
7 EL Mehl · 2 EL Zucker
Ahornsirup

Milch mit den Eiern und einer Prise Salz verrühren. Mehl und Zucker löffelweise unterrühren. Etwas Fett bei mittlerer Hitze in einer Pfanne (am besten Crêpes-Pfanne) schmelzen. Eine hauchdünne Teigschicht in die Pfanne gießen. Crêpes mit Hilfe einer Palette (Pfannenmesser) wenden und goldbraun backen. Crêpes im Backofen warm halten. Vor dem Servieren mit 2 EL Ahornsirup beträufeln. Flach, zusammengerollt oder gefaltet servieren.

LÖWE-MONDTAGE

Löwe-Mondtage wecken Schönheit, Selbstvertrauen und die Lust am Leben. Die Farbe ist Gold. Sein Element ist Feuer.

Nahrungs- und Würzmittel:

Ananas – Aprikose – Buschbohnen – Fasan – Forelle – Grapefruit – Himbeere – Hirsch – Kaviar – Languste – Nieren- oder Kidneybohnen – Orange – Parmesan – Quitte – Shrimps – Süßkirsche – Traube – Truthahn

An Löwe-Mondtagen werden eiweißhaltige Nahrungsmittel, Früchte und alle außergewöhnlichen Speisen gut vertragen.

Abendlied
wenn man aus dem Wirtshaus geht

Jetzt schwingen wir den Hut;
der Wein, der Wein war gut;
der Kaiser trinkt Burgunderwein,
sein schönster Junker schenkt ihn ein
und schmeckt ihm doch nicht besser.

Der Wirt, der ist bezahlt,
Und keine Kreide malt
Den Namen an die Kammertür
Und hintendran die Schuldgebühr;
Der Gast darf wiederkommen, ja kommen.

Und wer sein Gläslein trinkt,
Ein lustig Liedlein singt
In Frieden und in Sittsamkeit
Und geht nach Haus zu rechter Zeit:
Der Gast darf wiederkehren mit Ehren.

Jetzt, Brüder, gute Nacht!
Der Mond am Himmel wacht;
Und wacht er nicht, so schläft er noch,
Wir finden Weg und Haustür doch
Und schlafen aus in Frieden, ja Frieden.

Johann Peter Hebel

LÖWE-NEUMONDTAG

Ein Löwe-Neumondtag fällt stets in die heißeste Zeit des Jahres (23. Juli bis 23. August). Für einen besonders warmen Tag sind unsere Drinks gedacht. Sämtliche Drinks jeweils für eine Person.

Sonnen-Drink

Dem Sommer nahe

Zutaten:

$1/2$ reife Papaya · 6 cl Orangensaft,
2 cl Zitronensaft, 6 cl Ananassaft,
alles frisch gepreßt · 1 cl Zuckersirup
2 TL Grenadinesirup

Die Papaya halbieren, schälen, entkernen und in Stücke schneiden. Mit den übrigen Zutaten und drei Eiswürfeln im Mixer gut durchmixen. In das zu einem Drittel mit Eiswürfeln gefüllte Glas gießen.

Paradiesapfelsaft

Zutaten:

1 reifer Granatapfel · Ananassaft,
frisch gepreßt von $1/4$ Ananas
3 cl Orangensaft, 1 cl Zitronensaft,
frisch gepreßt · 1 cl Zuckersirup

Den Granatapfel halbieren und das Fruchtfleisch auslösen. Im Mixer kurz pürieren und durch ein feines Sieb streichen. Granatapfelsaft mit den übrigen Zutaten und 2 Eiswürfeln mixen. In das zu einem Drittel mit zerkleinertem Eis gefüllte Glas abseihen.

Aprikosen mit Ingwer

Wie ein Sonnenuntergang am Meer

Zutaten:

2 reife Aprikosen · 1,5 cl Aprikosensirup
1 Msp Ingwer, geschält und frisch gerieben
4 EL Sahne

Die Aprikosen entsteinen. Zusammen mit den restlichen Zutaten und zwei Eiswürfeln gut durchmixen; in einem Glas servieren.

Ananas-Apfel-Drink

Macht den Sommer noch schöner

Zutaten:

$1/_2$ Apfel, unbehandelt
$1/_4$ reife Ananas, frisch gepreßt
$1/_2$ Banane · 3 TL Joghurt

Apfel ungeschält in Stücke schneiden und vom Kerngehäuse befreien. Mit den übrigen Zutaten und zwei Eiswürfeln im Mixer gut durchmixen. In das zu einem Drittel mit Eiswürfeln gefüllte Glas gießen.

Papaya, Granatapfel, Ananas, Aprikose sind besonders edle und wohlschmeckende Früchte und können daher an allen Löwe-Mondtagen auf dem Speiseplan stehen.

ZUNEHMENDE LÖWE-MONDTAGE

Mondtage zum Kräfte sammeln und Genießen.

Buschbohnensuppe
mit Bohnenkrautpaste

Ein einfacher Genuß

Zutaten:

1 Bund Bohnenkraut · 3 Knoblauchzehen
1 EL Sonnenblumenkerne · 3 EL kaltgepreßtes Olivenöl
60 g frisch geriebener Parmesankäse
1 EL Zitronensaft · 500 g Buschbohnen
1 l Gemüsebrühe · 200 g Crème fraîche
schwarzer und weißer Pfeffer aus der Mühle

Das Bohnenkraut waschen, trockenschwenken und die Blättchen abstreifen. Die geschälten Knoblauchzehen durch die Presse drücken. Die Sonnenblumenkerne in einer Mandelmühle fein reiben. Das Bohnenkraut mit Knoblauch, Sonnenblumenkernen, Olivenöl, Parmesan und Zitronensaft in eine Schüssel geben und mit einem Holzlöffel so lange kräftig verrühren, bis sich alle Zutaten zu einer Paste verbunden haben. Die Bohnen waschen, putzen und in feine Scheibchen schnippeln. Die Gemüsebrühe zum Kochen bringen, die Boh-

nen darin einmal aufkochen und zugedeckt bei schwacher Hitze 5 Minuten garen. Die Crème fraîche hineinrühren und nur noch erhitzen. Die Suppe mit Pfeffer abschmecken und auf Teller verteilen. Die Bohnenkrautpaste gesondert dazu reichen.

Gegrillte Forelle

Schmeckt und stärkt das allgemeine Wohlbefinden

Zutaten:

4 Forellen, ausgenommen und gesäubert
4 Zitronen, unbehandelt
Salz · Pfeffer · 1 Bund Petersilie
Butter

Forellen unter fließendem Wasser säubern, mit Zitronensaft innen und außen, beträufeln und etwa $1/2$ Stunde durchziehen lassen. Dann die Fische innen leicht mit Salz und wenig Pfeffer einreiben. Petersilie in Bauchhöhle legen, Außenseite trockentupfen. Beide Seiten gut mit zerlassener Butter bestreichen. In den mit Aluminiumfolie ausgelegten und vorgeheizten Grill geben. Bei mittlerer Hitze auf jeder Seite 5–8 Minuten (je nach Größe) grillen. Nach dem Wenden die zweite Seite nochmals gut mit Butter bestreichen. Gare Fische leicht mit Salz bestreuen, auf heißer Platte vorsichtig anrichten und mit zerlassener Butter beträufeln. Mit Zi-

tronenvierteln und Petersilie dekorieren und zu Tisch bringen.
Beilagen: Petersilienkartoffeln, Salzkartoffeln.

Anmerkung: Forelle wird wegen des großen Eiweißgehaltes und der schillernden Farbe zu »Löwe-Lebensmitteln« gezählt.

Himbeeren mit Weinschaumsauce

Dem Himmel nahe

Zutaten:

600 g Himbeeren · 5 Vollkornkekse
3 EL Cognac · 1 Eigelb · 1–2 EL Honig
$^1/_8$ l trockener Weißwein

Die Beeren verlesen, waschen, vorsichtig trockentupfen und gegebenenfalls von den Stielen zupfen. Die Beeren auf Desserttellern anrichten. Die Kekse grob zerbröckeln und über die Beeren streuen. Den Cognac darüberträufeln. Für die Weinschaumsauce das Ei mit dem Honig und dem Wein in eine Metall- oder Porzellanschüssel geben und über einem warmen Wasserbad zu einer dicken, schaumigen Creme aufschlagen. Die Beeren mit der Weinschaumsauce überziehen und sofort servieren.

Himbeertraum

Wie im Märchen

Zutaten:

500 g Himbeeren · 4 Eigelb
4 Eiweiß · 2 TL Honig · 2 TL Speisestärke
Salz · 100 ml Sahne

Himbeeren pürieren oder durch ein Sieb streichen. Das schaumig geschlagene Eigelb und den Honig dazugeben. Noch einmal kräftig vermischen, dann die Stärke hinzufügen. Unter ständigem Rühren – am besten im Wasserbad – erhitzen, bis die Mischung eindickt. Das Eiweiß mit einer Prise Salz steif schlagen und unter die Himbeercreme heben. Alles unter gelegentlichem Umrühren erkalten lassen und vor dem Servieren die ebenfalls steif geschlagene Sahne vorsichtig unter die Creme ziehen.

LÖWE-VOLLMONDTAG

Ein Löwe-Vollmondtag fällt immer mit der Sonne im Zeichen Wassermann zusammen: Dieser Tag und diese Nacht gehören der Fröhlichkeit, dem ausgelassenen Feiern und der ekstatischen Liebe.

Fasanenbraten

Für einen besonderen Anlaß

Zutaten:

1 junger Fasan oder 1 Fasanhenne
ungesalzene Speckscheiben · 1 EL Zitronensaft
Salz · Pfeffer · 50 g Butter
$1/4$ l Wein · 4 EL saure Sahne · 1 TL Stärkemehl
1 Glas Sherry

Jungen, gut abgehangenen und ausgenommenen Fasan bzw. Fasanhenne mit feuchtem Tuch innen und außen abreiben, mit Zitronensaft beträufeln, mit Salz und Pfeffer einreiben. Brust und Schenkel mit rohen ungesalzenen Speckscheiben umbinden. Fasan in den Bräter legen, mit heißer Butter begießen und rundum leicht anbräunen. Im geschlossenen Bräter mit der Brust nach unten eine gute Stunde garen. Etwas heiße Brühe oder Wein seitlich zugießen. Wiederholt mit Bratensaft begießen. Zum Schluß Geflügel auf den Rücken legen, Speck-

scheiben abnehmen, bei guter Oberhitze rasch bei offenem Bräter die Brustseite bräunen. Weiter mit Bratensaft begießen, damit der Fasan nicht trocken wird. Nach Belieben mit etwas Sahne bestreichen. Sauce mit etwas Mehl binden, mit restlicher Sahne und Sherry abschmecken. Bratdauer 1 bis $1\frac{1}{2}$ Stunden, Brathitze 210 °C. Das Fleisch soll am Brustknochen noch leicht rosa sein; wird sonst leicht trocken. Den Fasan vierteln, auf heißer Platte anrichten, Sauce ohne Speckscheiben extra dazu reichen.

Beilagen: Rotkraut und Kartoffelbrei.

ABNEHMENDE LÖWE-MONDTAGE

Abnehmende Löwe-Mondtage wecken das Selbstbewußtsein und machen stolz.

Shrimpsragout

Zergeht auf der Zunge

Zutaten:

250 g Shrimps · 20 g Butter · 1 kleine Zwiebel
150 g kleine, frische Champignons · etwas Zitronensaft
Salz · 1 Prise weißer Pfeffer · $^1/_4$ l Fleischbrühe
30 g Butter · 30 g Mehl · 2 EL süße Sahne
1–2 Eigelb · 8 Scheiben Toastbrot

Feingeschnittene Zwiebel in Butter glasig dünsten, geputzte und halbierte Champignons zugeben, mit andünsten, wenig Zitronensaft beifügen, mit etwas Fleischbrühe aufgießen, gar dünsten. Restliche Fleischbrühe zugießen, Sauce mit Butter und Mehl binden, gut aufkochen, pikant abschmecken, mit Sahne und Eigelb legieren. Gewaschene Shrimps beifügen, erhitzen, aber nicht mehr kochen lassen, nochmals abschmecken. Ragout in kleinen Förmchen oder auf Toastbroten servieren.

Kidneybohnen

Öffnen das Herz

Zutaten:

500 g Kidneybohnen (Nierenbohnen)
2 l Wasser · $\frac{1}{4}$ TL Hing (stark riechendes
indisches Gewürz, gibt es in Reformhäusern
oder Indienläden) · 2 Lorbeerblätter
1 Stange Seetang (Kombu) · 2 EL Sonnenblumenöl
1 kleine Zwiebel, gehackt · 1 TL Kreuzkümmelsamen
1 TL frischer Thymian, gehackt · Salz
1 EL Korianderpulver · 1 kleine Pfefferschote,
fein gehackt · Fenchelsamen

Bohnen, Wasser, 1 Lorbeerblatt, Seetang und Hing in den Dampfkochtopf geben und 30 Minuten kochen. Oder die Zutaten in einem großen Topf zum Kochen bringen und auf mittlerer Hitze etwa 3–4 Stunden köcheln lassen, bis die Bohnen gar sind. Dann abtropfen lassen. Öl in einem großen Topf erhitzen. Zwiebel, Kreuzkümmel, Thymian und das zweite Lorbeerblatt zufügen und 2 Minuten anbraten. Dann die Bohnen, Salz, Pfefferschote und Korianderpulver einrühren und weitere 20–30 Minuten kochen. Zur besseren Verdauung werden nach dem Essen Fenchelsamen gegessen.

Trauben-Raita

Erinnerung an Indien

Zutaten:

250 ml Joghurt (3,5 % Fett) · 1 EL Honig
1 Prise geriebene Muskatnuß
300 g Trauben, halbiert, entkernt
5 EL Cashewnüsse, gehackt

Joghurt mit Honig und Muskatnuß glattrühren. Trauben und Cashewnüsse untermischen, gekühlt servieren.

Orangensorbet

Nicht nur für heiße Tage

Zutaten:

500 ml frischer Orangensaft
2 bis 3 EL Honig · Minzeblättchen
1 Spritzer Zitronensaft

Orangensaft und Honig in einer Schüssel vermischen, zugedeckt in das Gefrierfach des Kühlschranks stellen. Alle 20 Minuten die Fruchtmasse gut durchrühren. Besonders darauf achten, daß sich an den Rändern keine feste Eisschicht bildet. Insgesamt ca. 2 Stunden kühlen. Das Sorbet soll eine geschmeidige Masse aus vielen kleinen Eiskristallen werden. Mit Zitrone abschmecken und mit Minze servieren. Das Sorbet muß, einmal angerichtet, sofort serviert werden.

JUNGFRAU-MONDTAGE

An Jungfrau-Mondtagen verläuft das Leben sachlich und in geordneten Bahnen. Für den Jungfrau-Mond steht die Farbe Beige oder Ocker. Sein Element ist Erde.

Nahrungs- und Würzmittel:

Batate – Estragon – Fenchel – Ingwer – Kardamom – Kartoffel – Knoblauch – Kümmel – Salbei – Thymian – Zwiebel

An Jungfrau-Mondtagen gehören Wurzelpflanzen und/oder salzige, getrocknete und gesunde Nahrungsmittel und Gewürze auf den Tisch

Die schlanke Wasserlilie
Schaut träumend empor aus dem See,
Da grüßt der Mond herunter
Mit lichtem Liebesweh.

Verschämt senkt sie das Köpfchen
Wieder hinab zu den Well'n –
Da sieht sie zu ihren Füßen
Den armen blassen Gesell'n.

Heinrich Heine

Jungfrau-Neumondtag

Der Jungfrau-Neumondtag findet stets im letzten Sommermonat in der Zeit zwischen dem 24. August und 23. September statt. Vielerorts feierte man an diesem Tag ein Erntefest. Außerdem eignet er sich vorzüglich als Reinigungs- und Fastentag. Wem ein richtiger Fastentag zuviel ist, dem empfehlen wir unser Möhren-Apfel-Müsli.

Möhren-Apfel-Müsli

Für eine Person

Zutaten:

1 mittelgroßer Apfel · 1 Möhre
Saft von $\frac{1}{2}$ Zitrone · 1 EL grobe Haferflocken
1 EL Hirseflöckchen · 1 TL Leinsamen
2 TL gehackte Haselnüsse · 1 Becher Joghurt (150 g)
1 EL Crème fraîche · Honig zum Süßen

Den ungeschälten Apfel und die Möhre auf der Glasreibe reiben, Zitronensaft zugeben. Flocken, Leinsamen und Nüsse kurz anrösten. Joghurt mit Crème fraîche (oder süßer Sahne) verrühren, mit Honig süßen. Joghurt über das Möhren-Apfel-Gemisch gießen und die Flocken mit Leinsamen und Nüssen darüberstreuen. Eventuell noch mit etwas Zitronensaft »erfrischen«.

Fenchel-Lauchzwiebel-Salat

Regt die Verdauung an

Zutaten:

2 mittelgroße Fenchelknollen · Zitronensaft
1 Bund Lauchzwiebeln · 1 rote Paprikaschote
1 Orange · 3 EL trockener Weißwein
$1/_8$ l saure Sahne · Zitronenmelisse
Meersalz · Pfeffer

Die Fenchelknollen waschen, Wurzelansatz und Stengel entfernen, das Fenchelgrün zurückbehalten. Die Knollen dünn abschälen, halbieren und in feine Streifen schneiden. In eine Salatschüssel geben und mit Zitronensaft beträufeln. Die Lauchzwiebeln (mit dem Grün) in feine Ringe, die entkernte Paprikaschote in feine Streifen schneiden. Die Orange schälen, filetieren und in Spalten teilen. Alles unter den Fenchel mengen. Aus Weißwein, Sahne, Salz, Pfeffer, dem gehackten Fenchelgrün und der kleingeschnittenen Zitronenmelisse eine Marinade bereiten, über den Salat gießen, mischen und etwas durchziehen lassen.

Wie im September der Neumond tritt ein,
so wird das Wetter den Herbst durch sein.

Alte Wetterregel

ZUNEHMENDE JUNGFRAU-MONDTAGE

An zunehmenden Jungfrau-Mondtagen herrschen Vernunft, Einfachheit und Sachlichkeit. Die Menschen werden angehalten, Ordnung in ihr Leben zu bringen. Diese Tage sind des weiteren außerordentlich günstig für alle gesundheitsfördernden Maßnahmen.

Batatensüppchen

Barbaras Liebling

Zutaten:

2 Bataten (ca. 600 g) · 2 kleine Topinamburs
1 Zwiebel · 1 Karotte
1 Stück Sellerie · Butter oder Öl
Meersalz · Pfeffer · Rosenpaprika
1 l Gemüsebrühe · etwas Sahne oder Crème fraîche
frischer Koriander oder Petersilie,
gehackt (oder beides)

Die gewürfelte Zwiebel in heißem Fett andünsten, das gewürfelte Gemüse dazugeben und mitdünsten, mit Salz, Pfeffer und etwas Paprikapulver würzen. So viel Gemüsebrühe angießen, daß das Gemüse gut bedeckt ist. Ca. 20 Minuten köcheln lassen, pürieren und restliche Gemüsebrühe unterrühren. Mit Sahne oder Crème fraîche verfeinern, noch einmal abschmecken und mit Koriander und/oder Petersilie bestreut servieren.

Salbeikartoffeln

Einfach, aber lecker

Zutaten:

1000 g kleine festkochende Kartoffeln
120 g Schinkenspeck
3 Bund Salbei · 40 g Butter
Salz · Pfeffer

Die Kartoffeln unter fließendem Wasser gründlich bürsten, in Salzwasser kochen. Den Schinkenspeck würfeln, die Salbeiblätter waschen und trockentupfen. Die Butter in einer Pfanne zerlassen, Kartoffeln, Speck und Salbei dazugeben und bei mittlerer Hitze rundum Farbe nehmen lassen.

Estragonessig

Für köstliche und gesunde Salatspeisen

Eine Handvoll frischer Estragonblätter in eine Flasche geben, mit Weißweinessig auffüllen und gut verschlossen mindestens 3 Wochen ruhen lassen. Dann abseihen und umfüllen. Schärfer wird der Essig, wenn man ihn noch mit ein paar Chilischoten ansetzt. Die beste Zeit zum Ansetzen sind Jungfrau-Mondtage.

JUNGFRAU-VOLLMONDTAG

Ein Tag, um mit sich selbst ins reine zu kommen.

Gefüllte Kartoffelklöße

Schmecken wie bei Mama

Zutaten:

750 g Kartoffeln (mehlig kochend)
100 g Mehl · 2 Eier · 2 Zwiebeln
60 g Korinthen · 80 g Pinienkerne
1 l Gemüsebrühe · 40 g Butter
1 Bund Petersilie · $\frac{1}{2}$ TL Kardamom
Pfeffer · Muskat · Salz

Kartoffeln kochen, schälen und durch die Kartoffelpresse drücken. Mehl und Eier dazugeben, mit Salz und Muskat würzen und zu einem Teig kneten. 1 gehackte Zwiebel zusammen mit den grob zerkleinerten Korinthen und Pinienkernen, Kardamom, Salz, Pfeffer und etwas Wasser (oder Wein) verrühren. Mit angefeuchteten Händen einen gehäuften Eßlöffel Kartoffelteig in der Mitte auseinanderdrücken, einen Teelöffel der Zwiebel-Korinthen-Pinien-Masse hineingeben, zusammendrücken und einen Kloß formen. Die Klöße in die siedende Brühe geben, circa zwölf Minuten darin ziehen lassen. Die zweite Zwiebel würfeln, in Fett knusprig braten, zusammen mit der Petersilie über die abgetropften Klöße geben.

ABNEHMENDE JUNGFRAU-MONDTAGE

Abnehmende Jungfrau-Mondtage sind die allerbesten Arbeitstage. Man ist aufgeräumt und konzentriert.

Soupe Aïgo-Boulido

»Gekochtes Wasser« aus der Provence

Zutaten:

1 l Wasser · Salz · 4 Knoblauchzehen
1 Lorbeerblatt · 1 EL ÖL
1 Eigelb · 4 dünne Weißbrotscheiben

Das Wasser in einen Suppentopf geben und salzen. Die geschälten Knoblauchzehen hineinpressen, das Lorbeerblatt zugeben und das Öl unterrühren. Die Suppe 15 Minuten kochen lassen. Das Eigelb in eine Suppenterrine geben, die heiße Suppe peu à peu mit dem Eigelb verrühren. Die Suppe über den Weißbrotscheiben servieren.

Variationen zu diesem provenzalischen Originalrezept: über die Weißbrotscheiben erst noch Olivenöl träufeln, Fadennudeln mitkochen, Basilikum, Salbei oder Thymian in der Suppe ziehen lassen, geriebenen Käse darüberstreuen – in jedem Falle eine extraordinäre Brühe, und gesund.

Fenchelgratin

Gesund und schmackhaft

Zutaten:

4–6 Fenchelknollen (ca. 800 g)
Salz · 2 Karotten
40 g Butter oder Pflanzenmargarine
2 EL Mehl · $\frac{1}{4}$ l Gemüsebrühe · 150 ml Sahne
Pfeffer · 50 g Roquefort
100 g geriebener Parmesan · Butterflöckchen

Den vorbereiteten Fenchel (das Fenchelgrün aufheben) längs in Scheiben schneiden und in wenig leicht gesalzenem Wasser knapp 5 Minuten blanchieren. Abtropfen lassen, das Kochwasser dabei auffangen.
Die Karotten grob raspeln. Den Fenchel in eine gefettete Form schichten, die Karotten darüberstreuen. Aus Butter, Mehl und dem Fenchelwasser eine helle Sauce rühren, die Sahne dazugeben, mit Salz und Pfeffer abschmecken. Den mit einer Gabel zerdrückten Roquefort und den Parmesan unterrühren, über den Fenchel gießen und im Ofen überbacken. Mit dem Fenchelgrün bestreut servieren.

Zwiebelomelette

Geht schnell, schmeckt deftig

Zutaten:

3 Gemüsezwiebeln · 2 Peperoni
Butterschmalz · Meersalz · Thymian · Pfeffer
1 Prise Rosenpaprika · 8 Eier

Die Zwiebeln in dünne Ringe, die halbierten Peperoni in sehr feine Streifen schneiden. Zusammen in Butterschmalz dünsten, bis die Zwiebeln glasig sind. Mit Salz, Pfeffer, Thymian und Paprika kräftig abschmecken. Die Eier trennen, das Eigelb verrühren, das Eiweiß zu Schnee schlagen, dann unter das Eigelb ziehen. Die Zwiebeln unter diese Eimasse mischen und in vier Portionen ausbacken.

Ingwer-Sahne-Tee

Fein und würzig

Zutaten:

8 TL schwarzer Tee · 50 g eingelegter Ingwer
Kandiszucker · 4 cl Rum
$\frac{1}{8}$ l Schlagsahne · $\frac{1}{2}$ TL Naturvanille
1 Prise Zucker

Den Tee mit $^3/_4$ l kochendem Wasser überbrühen, 3 Minuten ziehen lassen. Den Ingwer fein würfeln, mit Kandiszucker, Tee und Rum auf 4 Gläser verteilen. Die Sahne mit der Vanille und einer Prise Zucker steif schlagen, auf die Gläser verteilen und sofort servieren.

Ingwerplätzchen

Knusprige Plätzchen für besondere Anlässe

Zutaten:

300 g Mehl · 125 g Butter
60–80 g brauner Zucker · 125 g Honig
Schale von 1 Zitrone, abgerieben
1 TL frischer Ingwer, fein gerieben
$^1/_2$–1 TL Ingwerpulver · $^1/_2$ TL Natron
1 EL kalter Bohnenkaffee

Butter, Zucker und Honig schaumig rühren, Zitronenschale und geriebenen Ingwer untermischen. Mit dem Ingwerpulver zusätzlich abschmecken. Das Natronpulver im Kaffee auflösen, dazugeben. Das Mehl untermischen, den Teig durchkneten, eventuell kühl stellen. Den Teig auf einem bemehlten Brett $^1/_2$ cm dick ausrollen, runde Plätzchen ausstechen und auf einem mit Backtrennpapier ausgelegten Blech bei milder Hitze (180°) 12–15 Minuten backen. In einer verschlossenen Blechdose halten sie sich recht lang knusprig.

WAAGE-MONDTAGE

An Waage-Mondtagen ist das Leben harmonisch, ausgeglichen, stimmungsvoll, und die Menschen rücken näher zusammen. Für den Waage-Mond stehen alle abgestimmten Farben, besonders aber Violett. Sein Element ist Luft.

Nahrungs- und Würzmittel:

Blumenkohl – Butter – Ente – Haselnuß – Holunderblüte – Kastanie – Kürbisblüte – Malve – Marzipan – Mohn – Pistazie – Rind – Rosenkohl – Sahne – Sonnenblumenkerne – Wachtel – Zucchiniblüte

An Waage-Mondtagen gehören öl- und fetthaltige Nahrungsmittel beziehungsweise mit Öl und Fett zubereitete Speisen auf den Tisch. Außerdem ist das Arrangement an solchen Tagen besonders wichtig.

Name in Schweiz
Sonnenblume
Weil Blume ist wie Sonne
Name in Türkei
Mondblume Aycicek
Weil Blume ist wie Mond

Yildiz, 10 Jahre

WAAGE-NEUMONDTAG

Ein Waage-Neumondtag liegt stets am Anfang des Herbstes in der Zeit zwischen dem 24. September und 23. Oktober. Es ist ein Tag innerer Sammlung.

Müsli mit Sonnenblumenkernen

Für zwei Personen

Zutaten:

60 g gemischte Getreidekörner
(Hafer, Weizen etc.), grob geschrotet
einige Trockenfrüchte (Aprikosen, Feigen etc.)
2 EL Korinthen · 1 großer Apfel
Saft von $\frac{1}{2}$ Zitrone · 1 Becher Joghurt
1–2 EL Crème fraîche oder süße Sahne
Honig · 2 EL Sonnenblumenkerne, geröstet

Das Getreide mit Wasser zu einem dicken Brei anrühren, die gewaschenen Trockenfrüchte in Wasser einweichen, beides über Nacht stehenlassen. Die Trockenfrüchte abtropfen lassen, kleinschneiden. Zusammen mit Korinthen, dem ungeschält in Stücke geschnittenen Apfel und dem Zitronensaft unter den Brei rühren. Joghurt und Crème fraîche (oder Sahne) verrühren, mit Honig süßen, über das Müsli geben, die gerösteten Sonnenblumenkerne darüberstreuen und sofort servieren.

ZUNEHMENDE WAAGE-MONDTAGE

Tage, an denen man besonders leicht einen Zugang zu Kunst und Muse finden kann.

Blumenkohl in Weinteig

Zutaten:

1 großer Blumenkohl · $\frac{1}{8}$ l Weißwein
125 g Mehl · 1 Ei · 1 EL Öl
1 Prise Salz · Backfett

Den Blumenkohl in Röschen teilen, in Salzwasser 10 Minuten kochen und abtropfen lassen. Für den Teig Mehl mit Wein, Eigelb, Öl und Salz mischen, das geschlagene Eiweiß unterziehen. Das Backfett erhitzen, die Röschen nacheinander in den Teig tauchen und im Fett goldgelb backen.

Blumenkohl mit Haselnußsauce

Zutaten:

1 großer Blumenkohl · 40 g Butter
2 Zwiebeln · 4 EL geriebene Haselnüsse
4 EL Semmelbrösel · Salz · Muskat
reichlich gehackte Petersilie
Crème fraîche nach Belieben

Den Blumenkohl in einen Topf mit wenig Wasser setzen, Salz darüberstreuen und bißfest garen. Die feingewürfelten Zwiebeln in der Butter glasig dünsten, Haselnüsse und Semmelbrösel dazugeben und unter gelegentlichem Rühren einige Minuten mitdünsten, eventuell etwas Gemüsewasser dazugeben, mit Muskat abschmecken und 1 EL Crème fraîche unterziehen. Den Blumenkohl in Röschen teilen, auf eine vorgewärmte Platte geben, mit der Sauce überziehen und mit Petersilie bestreuen.

Hollerküchle

Wie's früher war

Zutaten:

4–8 Holunderblüten · 100 g Mehl
1 Prise Salz · $\frac{1}{8}$ l trockener Weißwein
1 Ei, getrennt · etwas zerlassene Butter
Butterschmalz zum Ausbacken

Mehl und Salz mit dem Weißwein zu einem Teig rühren, das Eigelb und die zerlassene Butter dazugeben und zum Schluß das geschlagene Eiweiß unterheben. Die Holunderblüten sorgfältig waschen, durch den Teig ziehen und in heißem Butterschmalz schwimmend (am Stiel halten und leicht hin- und herbewegen) ausbacken. Auf Küchenkrepp abtropfen lassen. Nach Belieben mit Zucker und Zimt bestreut servieren.

Holunderessig

Erinnerung an Kinderspiele

Eine Flasche mit frischen, gewaschenen Holunderblüten füllen und mit Weißweinessig aufgießen, verschließen. Zwei Wochen an einem warmen Ort (ein sonniger wäre am besten) stehenlassen. Dann abseihen und umfüllen.

WAAGE-VOLLMONDTAG

Ein Waage-Vollmondtag ist stets der erste Vollmond im Frühling. Nach ihm richtet sich das Osterfest.

Rindsrouladen mit Pistazien

Ein festliches Mahl

Zutaten:

4 Scheiben Rouladenfleisch · Kräutersenf
200 g Austernpilze · einige Wirsingblätter
1 Bund Petersilie · 1 Zwiebel
50 g Pistazienkerne · Fett zum Braten
1 Tomate · 1 Karotte · $\frac{1}{2}$ l Gemüsebrühe
1 EL trockener Sherry · süße Sahne
Kräutersalz · Pfeffer · 1 EL Speisestärke

Die Rouladen salzen, pfeffern, mit Senf bestreichen. Die Austernpilze und die Wirsingblätter in Streifchen schneiden, die Petersilie hacken. Die kleingeschnittene Zwiebel in Fett glasig werden lassen, zunächst die Pilze, dann den Wirsing und zum Schluß die Petersilie mitdünsten. Etwas abkühlen lassen und die grob gehackten Pistazienkerne untermischen. Würzen und auf den Rouladen verteilen. Die Rouladen aufrollen, mit Faden umbinden. In heißem Fett rundherum schön anbraten. Die ge-

achtelte Tomate und die in dicke Scheiben geschnittene Karotte zugeben, mit der Gemüsebrühe ablöschen und zugedeckt ungefähr 1 $\frac{1}{2}$ Stunden schmoren lassen. Die Rouladen herausnehmen und warm stellen. Die Sauce durchseihen, das Gemüse durch das Sieb streichen, verrühren, kurz aufkochen, mit Sherry und Sahne verfeinern, mit Salz und Pfeffer abschmecken und mit in wenig kaltem Wasser angerührtem Stärkemehl binden.

ABNEHMENDE WAAGE-MONDTAGE

Tage, an denen man besonders ausgeglichen arbeiten kann.

Kastaniensuppe

Ein edles Süppchen

Zutaten:

500 g Kastanien · 1 $\frac{1}{2}$ l Gemüsebrühe
Salz · weißer Pfeffer
$\frac{1}{2}$ TL Honig · 2 EL Butter
8 Basilikumblätter

Die Kastanien kreuzweise einschneiden, im Ofen so lange rösten, bis die Schalen aufspringen. Die Schalen samt Häutchen entfernen. Die Kastanien in der Gemüsebrühe weich kochen. Einige Kastanien würfeln, die übrigen in der Brühe pürieren. Salz, Pfeffer und Honig unterrühren. Vor dem Servieren die Butter zugeben, die Kastanienwürfel darüberstreuen und mit den Basilikumblättern garnieren.

Rosenkohl mit Kastanienpüree

Eine aparte Kombination

Zutaten:

1000 g Rosenkohl, geputzt
Salz · weißer Pfeffer · Muskat
Butterflöckchen
500 g Eßkastanien · Gemüsebrühe oder Salzwasser
1 EL Butter oder Sahne · Salz
1 Schuß Madeira, Sherry dry oder Rotwein

Große Röschen am Strunkende kreuzweise einschneiden. In einen weiten Topf geben und so viel Wasser zugießen, daß der Boden bedeckt ist. Mit Salz, Pfeffer und Muskat bestreuen und die Butterflöckchen darüber verteilen. Bei mäßiger Hitze im geschlossenen Topf gar dünsten (ca. 15 Minuten), warm halten. Die Schalen der Kastanien einritzen, auf dem Blech im Ofen so lange rösten, bis die Schalen aufspringen. Dann Schale und Häutchen entfernen. Die Kastanien in etwas Brühe oder Salzwasser weich dämpfen, abgetropft durch die Spätzlepresse drücken, Butter oder Sahne unterrühren, mit Salz und dem Dessertwein abschmecken. Den Rosenkohl auf einer vorgewärmten Platte anrichten, den Kastanienbrei durch die Spätzlepresse (noch einmal!) locker über das Gemüse häufeln.

Süßer Kastanienauflauf

Zutaten:

500 g Kastanien · $^1/_4$ l Milch
50 g Butter · 3 Eier · 2 EL Honig
30 g Zitronat · 1 Msp Salz
$^1/_2$ Päckchen Backpulver

Die Kastanien kreuzweise einritzen, auf einem Blech im Backofen backen, bis die Schalen aufspringen, schälen und das Häutchen entfernen. In der Milch weich kochen. Die Eier trennen. Butter, Eigelb und Honig schaumig rühren, das feingewürfelte Zitronat, Salz, Backpulver und zum Schluß die pürierten Kastanien untermischen. Eischnee schlagen und unterziehen. Das Ganze in eine Auflaufform füllen und im vorgeheizten Ofen bei 200° (Gas Stufe 3) ca. 30 bis 40 Minuten backen.

SKORPION-MONDTAGE

An Skorpion-Mondtagen sind die Gefühle stark und beherrschen manchmal sogar den Verstand. Für den Skorpionmond steht die Farbe Dunkelblau oder Schwarz. Sein Element ist Wasser.

Nahrungs- und Würzmittel:

Bataviasalat – Buchweizen – Chicorée – Dinkel – Endivie – Essig – Essiggurke – Kresse – Löwenzahn – Pfefferminze – Radicchio – Rhabarber – Rotwein – Sauerkraut – Wirsing – Zucchini

Skorpion-Mondtage sind Wassertage. An ihnen gehören kohlehydrat- und stark wasserhaltige Nahrungsmittel und Blattgemüse auf den Tisch.

Notturno in Weiß

Die steinerne Familie,
aus Marmelstein gemacht,
sie kniet um eine Lilie,
in totenstiller Nacht.

Der Lilie Weiß ist weicher
als wie das Weiß des Steins,
der Lilie Weiß ist weicher,
doch das des Steins ist bleicher
im Weiß des Mondenscheins.

Die Lilie, die Familie,
der Mond in sanfter Pracht,
sie halten so Vigilie,
wetteifernde Vigilie,
in totenstiller Nacht.

Christian Morgenstern

SKORPION-NEUMONDTAG

Ein Tag und eine Nacht, um sich nur mit sich selbst zu beschäftigen.

Sauerkraut-Rohkost mit Trauben

Anregend

Zutaten:

500 g Sauerkraut · 250 g blaue Trauben
2 Scheiben Ananas · 3–4 EL Sonnenblumenöl
1 Stückchen Ingwerwurzel
1 Prise Zucker

Sauerkraut abtropfen lassen, zerpflücken. Die Trauben halbieren und entkernen, die Ananasscheiben in kleine Stücke schneiden; beides unter das Sauerkraut mengen. Aus Öl, Zucker und der sehr klein gewürfelten Ingwerwurzel (ca. 1 TL) eine Marinade rühren, mit dem Sauerkraut mischen und gut durchziehen lassen.

ZUNEHMENDE SKORPION-MONDTAGE

Tage, an denen tiefe Gefühle zu Wort kommen dürfen.

Radicchio mit Orangen

Intensiv in Farbe und Geschmack

Zutaten:

2 mittelgroße Radicchioköpfe
4 Orangen · 2 rote Zwiebeln
200 g Schafskäse · 100 g schwarze Oliven
5 EL Olivenöl · Saft von 1 Zitrone
Salz · Pfeffer · Basilikum
1 Prise Zucker

Die Radicchioblätter waschen, gut abtropfen lassen. Die Orangen in Scheiben schneiden, dann vierteln. Die Zwiebeln halbieren und in dünne Scheiben schneiden, den Schafskäse würfeln. Zerpflückten Radicchio mit Orangen und Zwiebeln mischen, Schafskäse und Oliven dazugeben. Aus Öl, Zitronensaft, Salz, Pfeffer, Zucker und Basilikum eine Marinade rühren und den Salat damit anmachen. Dazu Baguette servieren.

Chicoréesuppe

Sanft-bitter

Zutaten:

3 Stangen Chicorée · Zitronensaft
2 EL Butter · Kräutersalz
weißer Pfeffer · $^3/_4$ l Gemüsebrühe
$^1/_8$ l Sahne oder Crème fraîche
$^1/_2$ Bund Petersilie · $^1/_2$ Bund Dill

Den Strunk der Chicoréestangen entfernen, den Chicorée in Ringe schneiden, mit Zitronensaft beträufeln. In der erhitzten Butter die Chicoréeringe andünsten, würzen, mit der Gemüsebrühe auffüllen und circa 15–20 Minuten bei leiser Hitze köcheln lassen. Die Sahne oder Crème fraîche unterrühren. Mit Zitronensaft abschmecken und mit den gehackten Kräutern bestreut servieren.

Wirsing mit Schupfnudeln

Macht durchaus satt

Zutaten:

1 großer Kopf Wirsing · 1 Zwiebel
40 g Butterschmalz · $^1/_4$ l Gemüsebrühe
Salz · Pfeffer · Muskat
3 EL Crème fraîche · 60 g Roquefort
1 kg Kartoffeln, am Vortag gekocht
1 Ei · 100 g Mehl · Salz · Muskat
Wasser oder Gemüsebrühe
1 EL Sesamkörner · Butter

Den Wirsing vierteln, waschen, den Strunk entfernen und den Kohl in Streifen schneiden. Das Fett zerlassen, die feingewürfelte Zwiebel darin andünsten, den Wirsing kurz mitdünsten. Mit Gemüsebrühe auffüllen, mit Salz, Pfeffer und Muskat würzen, zugedeckt weichdünsten. Den mit einer Gabel zerdrückten Roquefort mit der Crème fraîche verrühren, damit das Gemüse abrunden, eventuell nachwürzen.

Für die Schupfnudeln die Kartoffeln reiben und mit Ei, Mehl, Salz, Muskat zu einem festen Teig verarbeiten. Aus dem Teig mit bemehlten Händen daumendicke, längliche Würstchen formen. Dann in kochendes Salzwasser oder kochende Gemüsebrühe geben. Wenn die Schupfnudeln oben schwimmen, sie mit einem Schaumlöffel herausnehmen, abtropfen lassen und warm halten. Die Sesamkörner in Butter leicht rösten und damit die Schupfnudeln schmälzen.

Schupfnudeln schmecken auch zu Sauerkraut (dann mit Zwiebeln schmälzen) oder in der Pfanne gebräunt mit grünem oder gemischtem Salat.

Sauerkrautauflauf

Der muß es immer mal wieder sein

Zutaten:

1 kg Kartoffeln · Salz · 1 EL Schmalz
500 g Sauerkraut · 2 Äpfel
$\frac{1}{8}$ l Gemüsebrühe · Zucker
200 g durchwachsener Speck, gewürfelt
$\frac{1}{4}$ l saure Sahne · 1 EL Semmelbrösel
etwas Butter

Kartoffeln in Salzwasser kochen, schälen und in Scheiben schneiden. Schmalz zerlassen, das Sauerkraut und die in Scheiben geschnittenen Äpfel darin andünsten, mit der Brühe ablöschen und mit Salz und Zucker abschmecken. Eine Auflaufform ausfetten, Kartoffelscheiben, Speckwürfel und Sauerkraut einschichten. Mit der Sahne übergießen, die Semmelbrösel darüberstreuen, Butterflöckchen darauf verteilen. Im Ofen eine halbe Stunde überbacken.
Dazu ein knackiger gemischter Salat (Batavia, Endivie, Radicchio) in einer Öl-Essig-Sauce.

Rhabarbercreme

Sommertagtraum

Zutaten:

500 g Rhabarber, geputzt und geschält
Saft und Schale von 1 unbehandelten Zitrone
1 Stückchen Zimt
etwas Apfelsaft · Honig · 2 Eier
1 TL Stärkepulver

Den Rhabarber in wenig Apfelsaft zusammen mit Zimt und Zitronenschale weich kochen. Pürieren, Zitronensaft zugeben, mit Honig süßen und etwas abkühlen lassen. Die Eier trennen. Die Eigelbe zusammen mit dem angerührten Stärkemehl unter den Rhabarber mengen, unter ständigem Schlagen erhitzen, nur kurz aufkochen. Unter die völlig erkaltete Creme das steif geschlagene Eiweiß ziehen und bis zum Servieren in den Kühlschrank stellen.

SKORPION-VOLLMONDTAG

Der Skorpion-Vollmondtag war ursprünglich identisch mit der Walpurgisnacht. Magie, Zauber und besondere Kräfte werden an diesem Tag und in der dazugehörenden Nacht lebendig. Zur Abwehr unliebsamer magischer Kräfte empfehlen wir folgendes Gericht:

Spaghetti aglio e olio
Vertreibt Vampire

Zutaten:

6 große Knoblauchzehen · 6 Peperoncini
(kleine Pfefferschoten) · 3 EL kaltgepreßtes Olivenöl
2 EL Butter · 500 g Spaghetti · 1 EL Semmelbrösel
1 Bund Petersilie · Parmesan

Die Sauce am Vortag herstellen. In heißem Öl die kleingehackten Peperoncini und Knoblauchzehen hell anbräunen. Einen Tag gut zugedeckt stehenlassen. Vor dem Auftischen langsam erhitzen und die Butter zugeben.
Spaghetti »al dente« kochen. Zu der Sauce geben, Semmelbrösel darüberstreuen und alles gut mischen. Mit Parmesan und Petersilie bestreuen und servieren. Zum Abschluß empfehlen wir einen Fernet Branca.

Vollmond mit Wind ist zu Reden gesinnt.

Alte Wetterregel

ABNEHMENDE SKORPION-MONDTAGE

Tage, an denen man seinem Instinkt völlig vertrauen kann. Tage der Kraft.

Löwenzahn mit Ei und Speck

Zutaten:

100 g Speck · 200 g Löwenzahn, geputzt
2 Eier, hartgekocht
1 Knoblauchzehe, gehackt · 1 TL Obstessig
1 EL Olivenöl · Salz · Pfeffer

Den Speck würfeln, in einer Pfanne auslassen und rösten. Den Löwenzahn kleinhacken. Aus Öl, Essig, Knoblauchzehe, Salz und Pfeffer eine Sauce rühren. Den Löwenzahn dazugeben, mischen. Speckwürfel darüberstreuen, mit den in Achtel geteilten Eiern anrichten. Dazu Knoblauchbrot.

Buchweizenküchlein

Nussig

Zutaten:

250 g Buchweizen · $\frac{1}{2}$ l Gemüsebrühe
1 Ei · 1 Zwiebel, gehackt
1 kleine Karotte, geraffelt
1 EL Haselnüsse, gehackt · Kräutersalz · Pfeffer
Semmelbrösel · 1 Bund Petersilie, gehackt
Mehl · Fett zum Braten

Buchweizen im Topf ohne Fett etwas anrösten, Gemüsebrühe zugießen, aufkochen und 20 Minuten bei geringer Hitze ausquellen lassen. Eventuell noch vorhandene Flüssigkeit abgießen. Ausgekühlt mit Ei, Zwiebel, der Karotte, Haselnüssen, Salz und Pfeffer zu einem Teig verarbeiten. Sollte er noch kleben, Semmelbrösel dazugeben. Zum Schluß die Petersilie untermengen. Mit bemehlten Händen Kugeln formen, diese in das heiße Fett geben und mit dem Bratenwender flach drücken. Bei mäßiger Hitze zunächst auf einer Seite gut 5 Minuten braten, dann wenden und die zweite Seite bräunen.

Zucchinisalat

Zutaten:

Circa 500 g Zucchini, geputzt
1 Bund Basilikum · 2–3 Lauchzwiebeln
1 Becher Joghurt (150 g) · 2 EL Olivenöl
1 EL Zitronensaft · 2–3 Knoblauchzehen
Salz · weißer Pfeffer

Die Zucchini in Stifte schneiden. Das Basilikum grob hacken, die Lauchzwiebeln (mit dem Grün) in feine Ringe schneiden. Beides zu den Zucchini geben. Joghurt, Olivenöl und Zitronensaft gut verrühren, die durchgepreßten Knoblauchzehen dazufügen, mit Salz und Pfeffer abschmecken. Über die Zucchini gießen und mischen.

Birnenkompott in Rotwein

Zutaten:

750 g Birnen · je $^3/_8$ l Rotwein und Wasser
Stangenzimt · 1 kleine Zitrone
120 g brauner Zucker

Rotwein, Wasser, Zucker, Zimt und Zitronensaft auf etwa einen halben Liter Flüssigkeit einkochen lassen. Die Birnen schälen, vom Kerngehäuse befreien, vierteln und im Weinsud weich dünsten (nicht zerfallen lassen).

SCHÜTZE-MONDTAGE

An Schütze-Mondtagen werden die Menschen optimistisch, großzügig, extrovertiert. Für den Schütze-Mond steht die Farbe Purpur. Sein Element ist Feuer.

Nahrungs- und Würzmittel:

Apfel – Birne – Brombeeren – Curry – Dattel – Heidelbeeren – Holunderbeeren – Karpfen – Kiwi – Mango – Mungobohnensprossen – Pfirsich – Quark – Reh – Schwarze Johannisbeere – Scholle – Soja – Tintenfisch

An Schütze-Mondtagen gehören eiweißhaltige Nahrungsmittel, Früchte und alle fremdländischen Gewürze und Speisen auf den Tisch.

Der Schäfer

»Mond des Himmels, treib zur Weide
Deine Schäflein gülden gelb,
Auf gewölbter blauer Heide
Laß die Sterne walten selbst.«
Ich noch neulich so tät reden,
Da zu Nacht ein schwacher Hirt
Aller Wegen, Steg und Pfäden
Sucht ein Schäflein mit Begierd.

Und der Mond hört, was ich sagte,
Nahm ein lind gestimmtes Rohr,
Das er blasend zärtlich nagte,
Spielte seinen Sternen vor.
...

Aus *Des Knaben Wunderhorn*

SCHÜTZE-NEUMONDTAG

Mit dem Schütze-Neumondtag beginnt im Norden die ewige Nacht des Winters. Es ist ein Tag, um Kraft zu sammeln.

Heidelbeersuppe

Stärkt

Zutaten:

600 g reife Heidelbeeren
1 l heißes Wasser · 1 Stange Zimt
1 Stück Schwarzbrotrinde
1–2 EL Honig · 1 EL Stärkepulver
4 EL Milch · 1 Glas Weißwein
Weißbrotwürfel, geröstet

Die Heidelbeeren in einen Topf geben, knapp mit Wasser bedecken, Schwarzbrotrinde, Honig und die Zimtstange hinzufügen und in circa 30 Minuten weich kochen. Die Zimtstange herausnehmen, die Beeren pürieren und mit heißem Wasser aufgießen. Noch einmal kurz zum Kochen bringen, mit dem mit der Milch angerührten Stärkepulver binden, mit Weißwein abschmecken und über den gerösteten Weißbrotwürfeln anrichten.

Holunderbeersuppe wird genauso zubereitet. Eine Geschmacksnuance verleihen mitgekochte Birnen- oder Pflaumenstückchen.

ZUNEHMENDE SCHÜTZE-MONDTAGE

Tage, an denen Optimismus und Glaube stark sind.

Sojasprossensalat

Zutaten:

250 g Sojabohnensprossen
1 rote und 1 grüne Paprikaschote
2 EL Sesamöl · 3 EL Sherryessig
1 EL Sojasauce
Meersalz · 1 Prise Zucker

Die Sojasprossen abbrausen, überbrühen und gut abtropfen lassen. Die Paprikaschoten halbieren und in feine Streifen schneiden. Aus Sesamöl, Essig, Sojasauce, Salz und Zucker eine Marinade rühren und den Salat damit anmachen. Etwas ziehen lassen.

Kräutertofu

Zutaten:

400 g Tofu · 4 EL Sojasauce
1 EL Sherry · 2 EL Wasser
1 EL eingelegter grüner Pfeffer
Petersilie · Koriander
Dill · Basilikum · 1 Ei · Mehl
3 EL Öl · geriebener Parmesan

Den Tofu gut abtropfen lassen. Dann in Scheiben schneiden, trockentupfen. Die Pfefferkörner zerdrücken, mit den sehr fein geschnittenen Kräutern, der Sojasauce, dem Wasser und dem Sherry verrühren. Die Tofuscheiben darin mindestens 10 Stunden marinieren. Herausnehmen und gut abtropfen lassen. In Mehl, dann in Ei wenden und in heißem Öl ausbraten (pro Seite circa 4 Minuten).

Quarkcreme auf
schwarzen Johannisbeeren

Zutaten:

$3/4$ l Milch · 1 Päckchen Vanillepuddingpulver
1 Ei · 1–2 EL Rohrzucker
Schale von 1 unbehandelten Zitrone
250 g Speisequark (20 %)
500 g schwarze Johannisbeeren · Ahornsirup

Die Zitrone abreiben. Das Puddingpulver mit $1/2$ l Milch anrühren, Ei, abgeriebene Zitronenschale und Zucker dazugeben,
unter Rühren zum Kochen bringen. Vom Feuer nehmen und
erkalten lassen, dabei immer wieder umrühren, damit sich
keine Haut bildet. Den Quark mit der restlichen Milch cremig
rühren und eßlöffelweise unter den erkalteten Pudding mischen. Die Johannisbeeren in eine Glasschüssel geben, mit
Ahornsirup beträufeln und die Quarkcreme darübergießen. Für
eine Stunde in den Kühlschrank stellen und dann servieren.

SCHÜTZE-VOLLMONDTAG

Ein Festtag, den man mit vielen Freunden gemeinsam verbringen soll.

Tintenfisch mit Fenchelsauce

Zutaten:

1 kg Tintenfisch, küchenfertig
2 Zwiebeln · 20 g Butter · 4 Tomaten
2 Knoblauchzehen · Salz · Pfeffer
Thymian · 1 Lorbeerblatt
Schale und Saft von 1 unbehandelten Zitrone
$3/8$ l herber Weißwein
je nach Größe 1–2 Fenchelknollen
30 g Butter · 1 EL Mehl · $1/4$ l Kochwasser
1 Eigelb · Weißwein
weißer Pfeffer · Salz · 1 Bund Dill

Die vorbereiteten Tintenfische in schmale Ringe oder Stückchen schneiden. Die Tomaten schälen und würfeln, die Zwiebeln kleinhacken. In der Butter zunächst die Zwiebeln glasig werden lassen, dann den Tintenfisch dazugeben und einige Minuten mitdünsten. Die Tomaten, die durchgepreßten Knoblauchzehen, die abgeriebene Schale der Zitrone und die Gewürze dazugeben, mit Wein ablöschen. Ungefähr eine Stunde im geschlossenen Topf köcheln lassen.

Für die Sauce die Fenchelknollen halbieren (das Fenchelgrün aufheben), in leicht gesalzenem Wasser weichkochen, kurz abtropfen lassen, das Wasser dabei auffangen, den Fenchel pürieren. Aus Butter, Mehl, Fenchelwasser (muß eventuell ergänzt werden) und Eigelb eine Sauce rühren, den pürierten Fenchel dazugeben. Mit Weißwein, Zitronensaft, Pfeffer und Salz abschmecken, das Fenchelgrün und den Dill unterziehen.
Dazu Baguette oder Fladenbrot reichen.

ABNEHMENDE SCHÜTZE-MONDTAGE

Tage, an denen man andere überzeugen kann.

Rapunzel mit Birnen

Zutaten:

350 g Rapunzel (Feldsalat)
3 Birnen · 5 EL Walnußöl · 1 Limone
Salz · Pfeffer · Zucker
1–2 Knoblauchzehen

Den Salat waschen und gut abtropfen lassen. Aus Öl, Limonensaft, Salz, Pfeffer, 1 Prise Zucker und zerdrücktem Knoblauch eine Marinade rühren. Die Birnen schälen, längs halbieren, Kerngehäuse entfernen und in Spalten schneiden, unter den Rapunzel mischen und mit der Marinade anmachen.

Apfel-Pfannengericht

Zutaten:

400 g Äpfel · 200 g Perlzwiebeln
300 g durchwachsenes Rauchfleisch,
in dünne Scheiben geschnitten
50 g brauner Zucker · $\frac{1}{8}$ l herber Weißwein
100 g Dörrpflaumen, entsteint
1 EL Preiselbeerkompott · 2–3 Lorbeerblätter
Salz · Pfeffer

Die Äpfel werden geschält, geviertelt und entkernt, die Zwiebeln geschält. Den Speck in einer großen Pfanne bei kleiner Hitze ausbraten, herausnehmen. Den Zucker ungefähr eine Minute unter Rühren im Bratfett schmelzen lassen, dann den Wein langsam angießen. Die Zwiebeln, die Pflaumen und die Lorbeerblätter dazugeben. Mit Salz und Pfeffer abschmecken und zugedeckt zehn Minuten schmoren. Dann die Äpfel und Preiselbeeren zugeben und noch einmal circa fünf Minuten schmoren lassen. Eventuell nachwürzen.

Dattelsalat

Wie aus Tausendundeiner Nacht

Zutaten:

250 g frische Datteln · 3 Orangen
$\frac{1}{2}$ frische Ananas · 100 g Walnußkerne
2 EL Honig oder Ahornsirup
1 EL Crème fraîche · 2 Zitronen
Zimt · ein Schuß Rum

Die Datteln halbieren, die Kerne entfernen. Die geschälten Orangen in Scheiben schneiden und diese vierteln, ebenso die Ananas. Alles zusammen mit den Walnußkernen mischen. Aus Honig (oder Ahornsirup), Crème fraîche, Zitronensaft und Rum eine Sauce rühren, über das Obst gießen und mischen. Etwas ziehen lassen.

Dattelmakronen

»Busserl« – eine echt süße Angelegenheit

Zutaten:

8 Eiweiß · 250 g Zucker
200 g Haselnüsse, gehackt
200 g Mandeln, gehackt
200 g Datteln, entkernt

Eiweiß und Zucker in einer Schüssel im Wasserbad so lange schlagen, bis die Masse dickflüssig wird. Die grob gehackten Nüsse und die kleingeschnittenen Datteln dazugeben. Auf ein mit Backtrennpapier ausgelegtes Blech mit einem Kaffeelöffel längliche Makronen setzen. Bei milder Hitze circa 15 Minuten im Backofen auf der unteren Schiene backen. Vorsichtig vom Papier lösen, auf einem Kuchengitter auskühlen und die Unterseite trocknen lassen.

STEINBOCK-MONDTAGE

An Steinbock-Mondtagen geht es um Sachlichkeit und Ordnung. Berufliche Angelegenheiten gedeihen gut. Der Verstand kontrolliert das Gefühl, und die Gegenwart geht allem anderen voran. Für den Steinbockmond steht die Farbe Weiß. Sein Element ist die Erde.

Nahrungs- und Würzmittel:

Erdnuß – Kapern – Kartoffel – Kohlrüben – Meerrettich – Pastinake – Radieschen – Rettich – Sellerie – Steckrüben

> An Steinbock-Mondtagen gehören Wurzelpflanzen, salzige, einfache und haltbare Nahrungsmittel und Gewürze auf den Tisch.

Wann der Hahn kräht auf dem Dache,
Putzt der Mond die Lampen aus,
Und die Stern' ziehn von der Wache,
Gott behüte Land und Haus.

Joseph von Eichendorff

STEINBOCK-NEUMONDTAG

Ein Steinbock-Neumondtag fällt stets mitten im Winter in die Zeit zwischen dem 22. Dezember und dem 20. Januar. Gegen die Kälte des Winters helfen am besten vitaminreiche Speisen wie der folgende Salat:

Selleriesalat mit Karotten

Stärkt Widerstandskräfte

Zutaten:

1 mittelgroße Sellerieknolle
4 große Karotten · 1–1 $\frac{1}{2}$ l Gemüsebrühe
1 Zwiebel · 3–4 EL Öl
2 EL Rotweinessig · Kräutersalz
Pfeffer · 2 Handvoll Ackersalat (Rapunzel)

Den Sellerie in gut 1 cm dicke Scheiben schneiden. Die ganzen Karotten und die Selleriescheiben in der Gemüse-brühe halbweich kochen (beim Sellerie geht's schneller, früher aus der Brühe nehmen). Den Sellerie würfeln, die Karotten in Scheiben schneiden. In eine Salatschüssel geben und die fein-geschnittene Zwiebel darüberstreuen. Aus Essig, Öl, Kräuter-salz, Pfeffer eine Marinade rühren, über das noch warme Gemüse gießen, vorsichtig mischen und mindestens zwei

Stunden durchziehen lassen. Noch einmal vorsichtig mischen, eventuell nachwürzen und den Rapunzel als Kranz um den Salat legen.

Hustensaft

Für alle Fälle

»…kaufe Dir einen großen schwarzen Rettich im Grünwarengeschäft. Zuerst schneide das Deckelchen ab und bewahre es auf. Das innere weiße Fleisch des Rettichs hole etwas aus, so daß ein ziemlich großes Loch entsteht. In der Apotheke kaufe für 10 Pfennige Kandiszucker, diesen zerstoße und fülle damit das Loch im Innern des Rettichs aus. Dann lege das Deckelchen wieder darüber und stelle ihn auf ein Tellerchen an einen kühlen Ort. Einige Minuten später hat der Zucker den Saft herausgezogen, der dem kranken Püppchen, das der böse Husten plagt, kaffeelöffelweise gereicht wird. Der böse Husten ist bald verschwunden.«

Aus einem Puppenkochbuch circa 1916

ZUNEHMENDE STEINBOCK-MONDTAGE

An zunehmenden Steinbock-Mondtagen ist der Geist besonders wach und aufnahmebereit.

Rettichsalat

Weckt alle Geister

Zutaten:

Je nach Größe 2–4 weiße Rettiche
1 Stückchen Roquefort (circa 40 g)
2 EL Sonnenblumenöl · 1 EL Weißweinessig
1 TL Kerbel, getrocknet
Kräutersalz · weißer Pfeffer
$\frac{1}{2}$ Bund Koriander

Aus dem zerdrückten Roquefort, Öl, Essig und Kerbel eine Marinade rühren, mit Pfeffer und Kräutersalz abschmecken und in eine Salatschüssel geben. Die Rettiche grob direkt in die Sauce raspeln. Kurz durchziehen lassen und vor dem Servieren die abgezupften Korianderblättchen darüberstreuen.

Sellerie mit Erdnüssen

Zutaten:

1 große Sellerieknolle (circa 1 kg)
60 g Butter · 120 g gesalzene Erdnüsse
120 g Doppelrahmfrischkäse
$\frac{1}{2}$ l Gemüsebrühe · Zitronensaft
Muskat

Den geputzten Sellerie in circa $\frac{1}{2}$ cm dicke, mundgerechte Stücke schneiden, in die heiße Butter geben und im geschlossenen Topf bei kleiner Hitze dünsten (circa 10 Minuten). Erdnüsse, Käse und Brühe zufügen. Unter Rühren noch wenige Minuten weiterdünsten. Mit Zitronensaft und Muskat abschmecken. Mit Selleriegrün oder Petersilie bestreuen.
Auch Kohlrabi schmecken so zubereitet gut.

Spaghetti mit Kapern und Oliven

Einmal eine ganz andere Pasta

Zutaten:

500 g Spaghetti · 100 g schwarze Oliven
4 EL in Salz eingelegte Kapern
3–4 EL Olivenöl · 4 Knoblauchzehen
1 Bund Basilikum

Spaghetti in nur leicht gesalzenem Wasser »al dente« kochen. Die Oliven entkernen und ziemlich klein schneiden, die Kapern abbrausen und gut trockentupfen. Das Olivenöl in einem großen Topf erhitzen, den durchgepreßten Knoblauch andünsten, dann die Oliven dazurühren und zum Schluß die Kapern dazugeben, kurz mitdünsten. Die Spaghetti und das kleingeschnittene Basilikum im Topf mit der Sauce gut mischen.

STEINBOCK-VOLLMONDTAG

Ein Steinbock-Vollmondtag fällt stets mitten in den Sommer, in die Zeit zwischen dem 22. Juni und dem 22. Juli. Unsere Vorspeise bringt an einem lauen Sommerabend die Frische des Winters.

Lachsröllchen mit Meerrettichschaum

Zutaten:

2 EL Meerrettich, gerieben
$^1/_8$ l Sahne · 1 Apfel
200 g Lachs in Scheiben

Der frisch geriebene Meerrettich wird vorsichtig unter die steif geschlagene Sahne gehoben, die Sahne sollte nicht zusammenfallen. Den geschälten und entkernten Apfel in sehr kleine Würfel schneiden und unter die Meerrettichsahne heben. Die Lachsscheiben mit dieser Masse bestreichen und aufrollen.

Wenn der Mond voll wird, geht er über.

Alte Wetterregel

ABNEHMENDE STEINBOCK-MONDTAGE

An abnehmenden Steinbock-Mondtagen geht die Arbeit gut von der Hand. Dem Leben eine Richtung zu verleihen und sich selbst zu verwirklichen, geht allem anderen vor.

Mandel-Meerrettich

Zutaten:

3 Eidotter, hartgekocht
125 g Mandeln, gerieben · 3 EL Walnußöl
1 EL Sherryessig · 3 EL frischer Meerrettich
1 kleiner Apfel, gerieben
Meersalz · Pfeffer

Die Eidotter mit der Gabel zerdrücken, die Mandeln untermischen, mit Öl und Essig zu einer glatten Creme rühren. Dann geriebenen Meerrettich und Apfel gut untermengen, mit Salz und Pfeffer abschmecken und zugedeckt mindestens eine Stunde durchziehen lassen.

Eintopf mit Kohlrüben

Deftig und leicht zugleich

Zutaten:

375 g Lammfleisch · 600 g Kohlrüben
(feste und kleine wählen) · 1 große Zwiebel
nach Belieben Knoblauch · 1 kleine Knolle Sellerie
3–4 Karotten · 500 g Kartoffeln
1 Stange Lauch · 4–5 EL Öl · Salz · Pfeffer
$\frac{1}{2}$ l Gemüse- oder Fleischbrühe
1 Lorbeerblatt · Majoran oder Salbei nach Belieben
Crème fraîche · 1 Bund Petersilie

Das Fleisch in grobe Würfel schneiden. Die Kohlrüben schälen und waschen. Kohlrüben, Sellerie und Kartoffeln grob würfeln, die Karotten in Scheiben schneiden. Die Zwiebel grob hacken, den Lauch in Streifen schneiden. Das Öl erhitzen, das Fleisch rundum gut anbraten. Dann Kohlrüben, Karotten, Zwiebel, Sellerie und zum Schluß die Kartoffeln zugeben. Die Brühe angießen, das Lorbeerblatt und die Gewürze zufügen. Im gut geschlossenen Topf bei mäßiger Hitze eine $\frac{3}{4}$ Stunde köcheln lassen; den Lauch nach einer halben Stunde beigeben. Eventuell noch etwas Brühe nachgießen, umrühren, abschmecken und mit der Crème fraîche abrunden. Mit Petersilie bestreut servieren.
Kohlrüben haftet der »Goût schlechter Zeiten« zu Unrecht an, wie wir meinen. Sie schmecken als Gemüse und Püree, haben wenig Kalorien und sind reich an Kalzium, Vitamin B und C.

Lauch mit Erdnußsauce

Zutaten:

1 kg Lauch · 1 EL Butter · Kräutersalz
$1/_8$ l Gemüsebrühe · 2 Zwiebeln
2 Knoblauchzehen · 2 EL Öl
5 EL Erdnußmus · 1$1/_2$ EL Sojasauce
2 TL Sambal Badjak (indonesische Krabbenwürzpaste)
Saft von $1/_2$ Zitrone · 1 Eigelb

Lauch putzen und in circa 3 cm große Stücke schneiden. In der heißen Butter andünsten, salzen, Gemüsebrühe angießen und den Lauch garen. Die Zwiebeln reiben und im heißen Öl zusammen mit dem durchgepreßten Knoblauch dünsten. Nicht braun werden lassen! Das Erdnußmus und 220 ml Wasser zufügen, unter Rühren aufkochen. Mit Sojasauce, Sambal Badjak und Zitronensaft abschmecken. Das Eigelb unterrühren, nicht mehr kochen. Die Sauce über den Lauch gießen.

Dazu Maisschnitten reichen, die aus Instant-Polenta relativ schnell zubereitet werden können: 250 g Polenta (Maisgrieß) in 1 l kochendes, gesalzenes Wasser streuen und 5 Minuten unter Rühren garen. Auf eine geölte Platte streichen, erkaltet in Rauten schneiden und diese in Sonnenblumenöl goldgelb braten.

Pastinakensalat

Zutaten:

Circa 600 g Pastinaken, klein und fest
4 EL Öl · 1–2 EL Weißweinessig
Salz · 1 TL getrockneter Estragon
frische Kräuter (Petersilie,
Kerbel, Koriander etc.)

Die Pastinaken dünn schälen, in Scheiben schneiden und in Salzwasser knapp 20 Minuten garen. Abtropfen lassen, noch warm mit einer Sauce aus Öl, Essig, Pfeffer, wenig Salz (die Pastinaken haben bereits beim Kochen Salz aufgenommen) und Estragon übergießen. Abkühlen lassen, noch einmal abschmecken und die gehackten Kräuter darüberstreuen.

WASSERMANN-MONDTAGE

An Wassermann-Mondtagen sind die Menschen ausgelassen, froh und hoffnungsvoll. Der Geist greift nach dem Himmel. Freiheit und Liebe sind wichtiger als alles andere. Für den Wassermann-Mond stehen die Farben Lila, Purpur und Bleu. Sein Element ist Luft.

Nahrungs- und Würzmittel:

Aal – Artischocken – Avocado – Broccoli – Kaffee – Kokos – Kokosmilch – Lachs – Mandeln – Oliven – Olivenöl –Thunfisch

> An Wassermann-Mondtagen werden öl- und fetthaltige Nahrungsmittel, exquisite und fremdländische Speisen gut vertragen.

An dem stillen Meeresstrande
Ist die Nacht heraufgezogen,
Und der Mond bricht aus den Wolken,
Und es flüstert aus den Wogen:

Jener Mensch dort, ist er närrisch,
oder ist er gar verliebet,
Denn er schaut so trüb und heiter,
Heiter und zugleich betrübet?

Doch der Mond, der lacht herunter,
Und mit heller Stimme spricht er:
Jener ist verliebt und närrisch,
Und noch obendrein ein Dichter.

Heinrich Heine

WASSERMANN-NEUMONDTAG

Ein Wassermann-Neumondtag fällt stets zwischen den 21. Januar und den 19. Februar. In der Astrologie gelten dieser Tag und diese Nacht als eine Art Quantensprung, als ein magischer Beginn: Von nun an treiben die Kräfte der Natur nach außen und himmelwärts. Vorhaben, die jetzt begonnen werden, stehen unter besonders günstigen Einflüssen. Wer eine unliebsamen Gewohnheit wie das Rauchen aufgeben möchte, findet unter einem Wassermann-Neumond den besten Starttag.

Pittabrot à la Mahbuba

Einfach, schmackhaft, gesund, nahrhaft

Zutaten:

Für den Teig: 500 g Weizenvollkornmehl,
auf feinster Stufe gemahlen · 1 EL Olivenöl,
kalt gepreßt · 1 Prise Salz (für Diättag ohne Salz)
275 ml kaltes Wasser

Für die Füllung: 5 Avocados
2 Knoblauchzehen, geschält · 2 EL Zitronensaft
4 EL Öl · etwas Salz (siehe oben) · 1 Prise Pfeffer
1 TL Harissa · 100 g Alfalfasprossen
4 Tomaten, in kleine Würfel geschnitten

Für den Teig das Mehl in den Mixer geben und das Wasser langsam einrühren. 10 Minuten stehenlassen. Mit den Händen kneten, mit Wasser bzw. Mehl korrigieren, bis ein geschmeidiger Teig entstanden ist. Mit den Händen weiterkneten, eine Kugel formen. Mit dem Finger ein Loch hineinbohren, 1 TL Öl hineingeben und mit dem Teig verkneten. 8 kleine Teigstücke formen und auf einer bemehlten Fläche zu $\frac{1}{2}$ cm dicken Fladen mit einem Durchmesser von ca. 20 cm auswellen. In eine beschichtete, heiße Pfanne geben und auf beiden Seiten backen.

Für die Füllung die Knoblauchzehen im Mixer zerkleinern. Avocados halbieren, entkernen, das Fruchtfleisch mit einem Eßlöffel auskratzen und zu den Knoblauchzehen in den Mixer geben. Fein pürieren. Öl, Salz, Pfeffer, Zitrone und das Harissa dazugeben. Die Creme in einer Schüssel anrichten. Um das Braunwerden zu verhindern, Avocado-Kerne in die Creme stecken.

Pitta auf einen Teller legen, mit der Creme bestreichen. Tomatenwürfel in die Mitte häufeln. Alfalfasprossen darüberstreuen. Pitta zusammenrollen.

Zunehmende Wassermann-Mondtage

Tage, an denen Neues entstehen kann.

Artischocken mit Kräutern und Tomaten

Wie Gott in Frankreich

Zutaten:

4 große Artischocken · 500 g Tomaten,
abgezogen, in kleine Würfel geschnitten
Olivenöl · 2 mittlere Zwiebeln, fein gehackt
4 Knoblauchzehen, fein gehackt
1 Lorbeerblatt · einige Stiele frisches Basilikum
$\frac{1}{2}$ Bund Petersilie, fein gehackt
Saft von $\frac{1}{2}$ Zitrone · 300 ml trockener Weißwein
250 ml Gemüsebrühe · Salz · Pfeffer

Artischocken halbieren und die unteren Hälften (Boden) in reichlich Salzwasser 10 Minuten kochen, abgießen, abtropfen lassen. In einem großen flachen Topf mit schwerem Boden das Olivenöl erhitzen. Zwiebeln und Knoblauch glasig dünsten. Die Artischocken in den Topf legen, der Topfboden soll ganz mit den Artischocken bedeckt sein. Die Artischocken im Öl wenden, leicht salzen, pfeffern und 10 Minuten anbraten. Tomaten,

Lorbeerblatt, Basilikum und Petersilie über den Artischocken verteilen. Zitronensaft, Weißwein und Brühe dazugießen. Die Flüssigkeit zum Kochen bringen und die Artischocken im gut verschlossenen Topf im vorgeheizten Ofen bei mäßiger Hitze 1 Stunde dünsten. Mit Baguette servieren.

Broccoli mit Tomaten und Walnüssen

Köstlich und intensiv

Zutaten:

600 g Broccoli, große Röschen
30 g Walnüsse, fein gehackt und geröstet
4 mittlere Tomaten, abgezogen,
entkernt, gewürfelt · 1 EL Olivenöl
3 EL Zitronensaft
3 Knoblauchzehen, sehr fein gehackt
1 Bund Basilikum, fein geschnitten
Salz · Pfeffer

Broccoli in reichlich kochendem Salzwasser in 7 bis 10 Minuten »al dente« garen, abgießen, mit kaltem Wasser abschrecken. Olivenöl, Zitronensaft, Knoblauchzehen, Basilikum, Salz und Pfeffer zu einer Marinade verrühren. Broccoli, Tomaten, Walnüsse in eine Schüssel geben, mit der Marinade vermischen und kurz durchziehen lassen.

Kokospfannkuchen mit Kiwi

Ein Dessert, das die Herzen höher schlagen läßt

Zutaten:

250 g Weizenvollkornmehl, fein gemahlen
150 ml Kokosmilch · 2 Eier
4 EL Öl · Salz · 2 große Kiwis, geschält,
geviertelt und in Scheiben geschnitten

Aus Mehl, Eiern, Salz und Kokosmilch einen flüssigen Teig anrühren. Ca. 20 Minuten stehenlassen, damit das Mehl quellen kann. Etwas Öl in der Pfanne erhitzen und mit einer Kelle Teig einfüllen. Unter einmaligem Wenden dünne Pfannkuchen backen. Die Kiwistücke in die Pfannkuchen rollen.
Frische Kokosmilch erhält man folgendermaßen: Eine Kokosnuß rundum (auf einem gedachten »Äquator«) mit dem Hammer beklopfen, bis sie aufspringt. Das Kokosfleisch mit einem kräftigen kurzen Messer aus der Schale lösen. Die braune Außenhaut entfernen. Die Kokosstücke (nicht zu groß!) im Mixer zerkleinern und das Mus mit 400 ml heißem Wasser übergießen. 30 Minuten ziehen lassen, durch ein Sieb gießen und den Rest in einem Küchenhandtuch ausdrücken.

Wassermann-Vollmondtag

Ein Wassermann-Vollmond-Tag fällt immer auf den Sommer und in die Löwezeit (23. Juli bis 23. August). Dieser Tag und die dazugehörige Nacht wurden in früheren Zeiten mit einem großen Fest gefeiert. Mariä Himmelfahrt (15. August) und der südländische *ferragosto* sind »Nachkommen« dieses einstigen am Mondlauf orientierten Festes. Unser Festgericht: Lachs.

Rigatoni mit Lachs

Ein Festessen

Zutaten:

300 g frischer Lachs · 400–500 g Rigatoni
(kurze, schräggeschnittene Makkaroni)
1 Schalotte · 1 Handvoll frischer Kerbel
1 EL Butter · trockener Weißwein
$1/4$ l Sahne · Vollmeersalz · abgeriebene
Schale von 2 unbehandelten Zitronen
1 EL Zitronensaft · weißer Pfeffer,
frisch gemahlen · 1 EL Petersilie, kleingehackt

Den Lachs vom Fischhändler häuten und filetieren lassen. Mit einer Pinzette sämtliche Gräten entfernen. Den Lachs in etwa 1 cm breite Streifen schneiden. Die Schalotte schälen und hacken. Den Kerbel verlesen, waschen, trockentupfen und grob hacken. Die Butter in einem weiten Topf zerlassen, aber nicht bräunen. Die Schalotte darin bei mittlerer Hitze anschwitzen. Den Wein sowie die Sahne nach und nach dazugießen und unter häufigem Umrühren auf etwa die Hälfte einkochen lassen. Die Sauce mit dem Zitronensaft und Pfeffer abschmecken.

Reichlich Wasser mit 1 1/2 EL Meersalz zum Kochen bringen. Die Nudeln in dem sprudelnden Wasser »al dente« kochen. Inzwischen den Lachs in die Sauce geben, den Topf zudecken und von der Kochstelle nehmen. Den Lachs etwa eine Minute in der Sauce ziehen lassen. Den Kerbel darüberstreuen. Die abgetropften Nudeln vorsichtig mit dem Lachs mischen, mit abgeriebener Zitronenschale bestreuen. Heiß servieren. Dazu trinkt man frisches Quellwasser oder einen trockenen Weißwein.

ABNEHMENDE WASSERMANN-MONDTAGE

Tage, an denen der Geist den Himmel erstürmen kann.

Avocado mit Kräutercreme und Räucherlachs

Eine raffinierte Vorspeise

Zutaten:

2–3 reife, weiche Avocados (ca. 500 g)
200 g Crème fraîche · 2 EL Joghurt
$^1/_2$ TL Kräutersenf · Salz
weißer Pfeffer, frisch gemahlen · 1 TL Walnußöl
3 EL Kräuter wie Borretsch, Kerbel,
Petersilie, Zitronenmelisse, alle frisch gehackt
1 Tomate, kleingewürfelt
Saft von $^1/_2$ Zitrone
100–150 g Räucherlachs in feinen Scheiben
einige Kerbelblätter zum Garnieren

Die Crème fraîche mit dem Joghurt und dem Kräutersenf verrühren. Die Kräuter daruntermischen. Die Sauce mit Salz, Pfeffer und dem Öl abschmecken. Die Avocados halbieren, vom Kern befreien und schälen. Jede Hälfte mit einem scharfen Messer in dünne Scheiben schneiden und fächerförmig auf einem Teller anrichten. Mit Zitronensaft beträufeln, damit

sie sich nicht verfärben. Jeweils eine Lachsscheibe locker einrollen und danebenlegen. Die Sauce über den Lachs verteilen und alles mit den Tomatenwürfeln und den Kerbelblättchen garnieren.

Reissalat mit Oliven

Ein schnelles und sehr nahrhaftes Gericht

Zutaten:

2 Tassen brauner Langkornreis · 4 $1/_2$ Tassen
Wasser · 2 EL kaltgepreßtes Distelöl
1 $1/_2$ Tassen verschiedene Oliven
(schwarz, grün, gefüllt) · 2 EL Olivenöl
1 mittelgroße Zucchini, in Scheiben geschnitten
3–4 EL Wasser · 2 TL getrocknetes Basilikum
2 TL getrockneter Majoran · 1 Kopfsalat
oder entsprechende Menge andere
Blattsalate, zerkleinert
150 g frischer Spinat, grob geschnitten
2 Tassen Alfalfasprossen · Salz · Pfeffer

Langkornreis, Wasser und Distelöl in einen großen Topf geben. Zum Kochen bringen und leicht umrühren. Zugedeckt bei niedriger Hitze 40 Minuten ziehen lassen. Ohne den Deckel abzunehmen beiseite stellen. Nach 10 Minuten Deckel abnehmen.

Alle Salat-Zutaten miteinander in einer großer Schüssel (am besten Olivenholzschale) vermischen und den abgekühlten Reis daruntergeben.

Kaffee nach mexikanischer Art

Macht die Nacht zum Tag

Zutaten:

150 g brauner Zucker · 1 l Wasser
60–70 g dunkle Kaffeebohnen,
sehr fein gemahlen

Den braunen Zucker so lange im Wasser kochen, bis er sich aufgelöst hat. Kaffee dazugeben, aufkochen und dann 1 Minute köcheln lassen. Vom Herd nehmen, umrühren und zugedeckt 2-3 Minuten ziehen lassen. Kaffee durchseihen und servieren.

Caffè corretto
(Kaffee auf italienische Art)

Läutet den Feierabend ein

Kaffee mit italienischer Espressokanne oder anderer Espressomaschine kochen, in kleine, vorgewärmte Tassen füllen und mit 1 TL Grappa vermischen. 1 TL Zucker dazugeben.

Irish Coffee

Einfach zwischendurch

Pro Glas 2 EL brauner Rohrzucker
4 cl (irischer) Whiskey, erhitzt
1 Tasse starker, heißer Kaffee
Schlagsahne, flüssig

Ein Glas (am schönsten ein Irish-Coffee-Glas) mit heißem Wasser vorwärmen. Zucker im Glas mit Whisky unter Rühren auflösen, Kaffee zugießen, die nur leicht angeschlagene Sahne über einen Löffelrücken daraufgießen.

FISCHE-MONDTAGE

Fische-Mondtage sind geheimnisvoll. Spirituelle und mystische Individuen fühlen sich besonders entrückt und Gott nahe. Andere erleben die Welt manchmal wie unter einer Nebelhaube. Manche Menschen greifen bevorzugt zum Alkohol. Für den Fischemond steht die Farbe Dunkelblau. Sein Element ist Wasser.

Nahrungs- und Würzmittel:

Alge – Austernpilze – Banane – Beifuß – Brandy – Champagner – Champignons – Eisbergsalat – Feldsalat – Gemüsesaft – Grüner Tee – Hefe – Hering – Hirse – Honigwein – Kohl – Mangold – Morchel – Reis – Reiswein – Weißwein

An Fische-Mondtagen werden kohlehydrat- und stark wasserhaltige Nahrungsmittel gut verdaut. Außerdem sind Pilze Fischespeisen.

Wie des Mondes Abbild zittert
In den wilden Meereswogen,
Und er selber still und sicher
Wandelt an dem Himmelsbogen:

Also wandelst du, Geliebte,
Still und sicher, und es zittert
Nur dein Abbild mir im Herzen,
Weil mein eignes Herz erschüttert.

Heinrich Heine

FISCHE-NEUMONDTAG

Der Fische-Neumondtag fällt in die Zeit zwischen dem 20. Februar und dem 20. März. Die Natur wartet auf den Frühling. Der menschliche Organismus braucht Möglichkeiten, sich zu reinigen und zu entschlacken. Wem ein reiner Fasttag zu anstrengend ist, dem sei unser Champignon-Rapunzel-Salat ans Herz gelegt.

Champignons mit Rapunzel

Auch Nüßli-, Acker-, Nissel-, Feldsalat genannt

Zutaten:

150–200 g Champignons, geputzt
200 g Rapunzel, geputzt
1 kleine Zwiebel, fein gehackt
1 Knoblauchzehe, fein gehackt
Zitronensaft · Salz · Pfeffer
3 EL Olivenöl · 2–3 TL Joghurt

Die Champignons in dünne Scheibchen schneiden und mit Zitronensaft beträufeln. Den Rapunzel gut trockenschleudern und zu den Champignons geben. Aus Öl, Joghurt, Salz, Pfeffer Knoblauch und Zwiebel eine Marinade rühren, eventuell noch etwas Zitronensaft dazugeben und den Salat damit anmachen. Gleich servieren.

ZUNEHMENDE FISCHE-MONDTAGE

Zunehmende Fische-Mondtage sind Tage des Glaubens, der Spiritualität und der Meditation. Unsere Gerichte sind einfach und nahrhaft.

Bananencremesuppe

Weich und mild

Zutaten:

2 feste Bananen · Zitronensaft
50 g Butter · 40 g Mehl
$^3/_4$ l Gemüsebrühe · $^1/_4$ l Milch
1 Eigelb · 3 EL saure oder süße Sahne
Sherry · Salz

Die Bananen in Scheiben schneiden, mit Zitronensaft beträufeln. Gut die Hälfte davon in der zerlassenen Butter andünsten, das Mehl darüberstreuen und mit der Brühe und Milch ablöschen. Etwas durchkochen, pürieren, die restlichen Bananenscheiben vierteln, unter Rühren darin erhitzen. Eigelb mit saurer oder süßer Sahne verrühren, zur Suppe geben, nicht mehr kochen lassen. Mit Sherry und eventuell etwas Salz abschmecken.

Austernpilze auf Rucola

Zutaten:

400 g Austernpilze · 1 Bund Rucola
6 EL Olivenöl · 2 Knoblauchzehen
Salz · Pfeffer · 2 EL Zitronensaft
einige Blättchen frischer
oder 1 TL getrockneter Salbei
4 EL Balsamico

Die Pilze putzen und in feine Streifen schneiden. Im erhitzen Öl den feingehackten Knoblauch leicht bräunen, die Austernpilze dazugeben und circa fünf Minuten mitbraten. Mit Salz und Pfeffer würzen, den Zitronensaft darübergeben und auskühlen lassen. Den Rucola etwas zerpflücken, mit Salbei und Balsamico mischen und mit den Austernpilzen anrichten. Dazu Vollkorntoast reichen.

Hefeaufstrich à la Ute

Zutaten:

1 Würfel Hefe · 1 mittelgroße
gekochte Kartoffel · Butter oder Öl
1 Zwiebel · Majoran, getrocknet
reichlich frische Petersilie, fein gehackt
Kräutersalz · Pfeffer · Zitronensaft

Die sehr fein geschnittene Zwiebel in Butter oder Öl glasig dünsten, die zerbröckelte Hefe hinzufügen und unter Rühren zergehen lassen. Majoran, Petersilie, Salz, Pfeffer und einige Spritzer Zitronensaft dazugeben und mit der geriebenen Kartoffel binden. Schmeckt lauwarm und kalt auf Vollkorntoast oder Schwarzbrot.

Pilzschnitzel

Waldbodendüfte steigen auf

Zutaten:

500 g Pfifferlinge, fein geschnitten
1 Zwiebel, gehackt · 1–2 EL Pflanzenfett
Dill · Kräutersalz · 1 Ei
Weizenflocken · Sonnenblumenöl
1 Zitrone, unbehandelt

Die Pfifferlinge zusammen mit der Zwiebel im heißen Fett weichdünsten. Salzen, mit dem kleingeschnittenen Dill bestreuen und auskühlen lassen. Dann das Ei unterziehen und so viel Weizenflocken unterrühren, bis sich Küchlein formen lassen. Diese in Sonnenblumenöl ausbraten. Mit Zitronenscheiben garnieren. Dazu Reis oder Kartoffelpüree mit Kräutern und Salat.

Rolands Bananen-Kokos-Drink

Zutaten:

2 Bananen · $\frac{1}{2}$ l Milch
1 TL Zimt · 2 EL Kokoscreme aus
dem Glas (Asienladen)

Bananen mit einer Gabel zerdrücken, zusammen mit der Milch, dem Zimt und der Kokoscreme im Mixer mischen. Auf vier Gläser verteilen und mit Zimt bestreuen.

FISCHE-VOLLMONDTAG

Ein Fische-Vollmondtag fällt stets im letzten Sommermonat in die Zeit zwischen dem 24. August bis zum 23. September. In vielen Kulturen wird an diesem Tag das Erntedankfest abgehalten. Zugleich wird dieser Vollmond als Ende des Sommers zelebriert.

Krautwickel

Zutaten:

1 großer Kopf Weißkraut · 150 g Reis
10–15 g getrocknete Morcheln
4–5 EL Öl · 1 Zwiebel, fein gehackt
1–2 Knoblauchzehen, fein gehackt
1 Bund Petersilie, gehackt
50 g Haselnüsse, fein gehackt · 1 Ei
Semmelbrösel · 1 TL getrocknete Minze
Salz · Pfeffer · 4 Tomaten (oder 1 EL
Tomatenmark) · 1 Becher saure Sahne

Die äußeren Blätter des Weißkrauts entfernen, das Kraut am Strunk rundum einschneiden. Den ganzen Kopf in einen großen Topf mit leicht gesalzenem Wasser setzen, zum Kochen bringen.
Die Morcheln mindestens eine Stunde in lauwarmem Wasser einweichen. Dann säubern, abbrausen, trockentupfen und

169

kleinschneiden. Den Reis in wenig gesalzenem Wasser kochen und abkühlen lassen. Die Zwiebel mit dem Knoblauch in 2 EL Öl glasig dünsten, die Morcheln zugeben und zum Schluß die Petersilie kurz mitdünsten. Das Ei unter den Reis mischen, Haselnüsse und die Morchelmasse untermengen. Sollte die Masse zu feucht sein, Semmelbrösel dazugeben. Mit Minze, Salz und Pfeffer kräftig abschmecken.

Von dem Krautkopf nacheinander die Blätter lösen, abtropfen lassen, die Rippen abflachen und mit 1 EL der Füllung belegen. Von der Stielseite her einmal umschlagen, dann die Seiten einschlagen und aufrollen. Das restliche Öl erhitzen und die Krautwickel rundum anbraten, die Tomaten häuten und achteln, zu den Krautwickeln geben (ersatzweise mit etwas Wasser oder Gemüsebrühe verrührtes Tomatenmark) und die Sahne zugießen. Zugedeckt bei kleiner Hitze eine knappe halbe Stunde schmoren lassen.

Krautpfanne

Zutaten:

1 kleines Weißkraut (z. B. Rest von
den Krautwickeln) · 1 Zwiebel · 3–4 EL Öl
Kräutersalz · Gewürze nach Belieben
(Paprika, Muskat, Kümmel oder Curry)
eventuell etwas Wasser oder Sojasauce

Das Kraut in ungefähr 3 cm dicke Scheiben, dann in Quadrate
schneiden. In einer großen Pfanne (mit Deckel) das Öl erhitzen, die gewürfelte Zwiebel darin glasig werden lassen. Das
Kraut dazugeben und gut bräunen. Mit Kräutersalz und den
Kräutern nach Wahl würzen. Bei geschlossenem Deckel und
mäßiger Hitze schmoren. Zum Schluß eventuell etwas Wasser
und/oder Sojasauce angießen. Dazu Schwarzbrot oder Kräu-
terkartoffelpüree servieren.

ABNEHMENDE FISCHE-MONDTAGE

An abnehmenden Fische-Mondtagen sind Menschen besonders hilfsbereit und einfühlsam. Medial veranlagte Menschen können in die Zukunft sehen oder aus Tarotkarten Antworten über sich selbst bekommen.

Pfannkuchen mit Beifuß

Zutaten:

125 g Mehl · 2 Eier · Salz · $\frac{1}{4}$ l Milch
1 gehäufter TL frischer Beifuß,
gehackt (ersatzweise 2 TL getrockneter)
Fett zum Backen

Aus Mehl, Eiern, Salz und Milch einen Teig rühren, den Beifuß untermischen und in der Pfanne dünne Kuchen backen. Schmeckt gut zusammengerollt und mit etwas Mango-Chutney bestrichen oder mit Sojasauce beträufelt.

Hirseauflauf

Zutaten:

200 g Hirse · 1 Zwiebel · Öl zum Andünsten
$\frac{1}{2}$ l Gemüsebrühe · 1 Stück Sellerie
1 Karotte · 1 Lorbeerblatt · Salbei
1 Stück Lauch · 500 g Broccoli · $\frac{1}{4}$ l Sahne
2 Eier · 1 EL Weizenmehl · Pfeffer
Muskat · Kräutersalz · 1 Knoblauchzehe
50 g Roquefort oder Gorgonzola
100 g geriebener Käse · Butterflöckchen

Die Hirse waschen, abtropfen lassen. Die kleingeschnittene
Zwiebel in Öl glasig dünsten, die Hirse zugeben und unter
Rühren etwas mitdünsten. Die Gemüsebrühe zugießen, den
kleingewürfelten Sellerie und die kleingewürfelte Karotte, Lorbeerblatt, eine in Scheiben geschnittene Knoblauchzehe und
Salbei dazugeben, aufkochen und circa 20 Minuten bei kleiner Hitze ausquellen lassen. Den in Ringe geschnittenen
Lauch die letzten 10 Minuten auf die Hirse geben (nicht umrühren). Den Broccoli in wenig Salzwasser halbgar dünsten,
in Röschen zerteilen und unter die Hirse mischen. Aus
Sahne, Ei, Weizenmehl, Pfeffer, Muskat, Kräutersalz, dem zerdrückten Roquefort (Gorgonzola), einer zerdrückten Knoblauchzehe und ungefähr $\frac{3}{4}$ des geriebenen Käses eine Sauce
rühren. Den Hirsebrei in eine gefettete Auflaufform füllen,
glattstreichen und die Sauce darübergeben. Mit dem restlichen Käse und mit Butterflöckchen bestreuen. Im Ofen bei

200 Grad (Gas zwischen Stufe 3 und 4) circa 20 Minuten überbacken.

Der Auflauf schmeckt auch mit anderen Gemüsen, zum Beispiel Spinat. Unser Favorit ist allerdings Broccoli.

Hirsebrei

Damit läßt sich's leicht ins Schlaraffenland essen

Zutaten:

100 g Hirse · 50 g Trockenfrüchte
(Aprikosen, Feigen, Pflaumen) · $^3/_8$ l Wasser
60 g Mandeln, geschält · 1 Vanillestange
knapp $^1/_8$ l Milch · 1 Schuß Rum
Ahornsirup · 100 ml Sahne

Die gewaschene Hirse in $^1/_8$ l Wasser, die gewaschenen, eventuell entsteinten Trockenfrüchte in $^1/_4$ l Wasser einweichen. Beides zudecken und circa 10 Stunden stehenlassen. Das Einweichwasser der Trockenfrüchte zur Hirse gießen, die Früchte kleinschneiden und ebenfalls zur Hirse geben. Die grob geriebenen Mandeln sowie das ausgekratzte Mark der Vanilleschote hinzufügen und den Brei bei geringer Hitze zugedeckt 15 Minuten köcheln lassen. Die Milch mit dem Rum unterrühren und die Hirse weitere 15 Minuten ausquellen lassen. Mit Ahornsirup süßen. Die Sahne steif schlagen, unter den Brei ziehen und servieren.

EIN BRIEF AN DEN MOND

Nr. 1

Stille glänzende Freundin,

Ich habe Sie lange heimlich geliebt; als ich noch Knabe war, pflegte ich schon in den Wald zu laufen und halb verstohlen hinter Bäumen nach Ihnen umzublicken, wenn Sie mit bloßer Brust oder im Négligé einer zerissenen Nachtwolke vorübergingen. Einst abends fragte ich, was Sie immer so unruhig am Himmel wären und warum Sie nicht bei uns blieben. »Sie hatte, ach!« hub meine Mutter an und setzte mich freundlich auf ihren Schoß, »sie hatte einen kleinen, lieben Knaben, der hieß Endymion, den hat sie verloren und sucht ihn nun allenthalben und kann den Knaben nicht wiederfinden« – und mir trat eine Träne ins Auge. O, Madam! mir ist seitdem oft eine ins Auge getreten. – – Sie scheinen ein weiches schwermütiges Herz zu haben. Der Himmel über Ihnen ist Tag und Nacht voll Jubel und Freudengeschrei, daß seine Schwellen davon erbeben, aber ich habe Sie nie in der fröhlichen Gesellschaft des Himmels gesehen. Sie gehen immer allein und traurig um unsre Erde herum, wie ein Mädchen um das Begräbnis ihres Geliebten, als wenn das Rauschen von erstickten Seufzern des Elendes und der Laut vom Händeringen und das Geräusch der Verwesung Ihnen süßer wären als der Pän des Orions und das hohe Allegro von der Harfe des Siebengestirns. Sanftes sympathisches Mädchen! Erlauben Sie, daß ich meinen Gramschleier einen Augenblick vom Gesicht tue, Ihre Hand zu küssen; erlauben Sie, daß ich Sie zur Vertrauten meiner wehmütigen Kummerempfindung und melancholischen Schwärmereien mache und in Ihren keuschen Schoß weine. Und Jupiter breite ein dünnes Rosengewölk über die Szene! ...

Matthias Claudius

TABELLE DER NAHRUNGSMITTEL

☽ = Mond abnehmend
☽ = Mond zunehmend
n = neutral

🐏 = Widder, 🐂 = Stier, 👯 = Zwillinge,
🦀 = Krebs, 🦁 = Löwe, ♍ = Jungfrau,
♎ = Waage, 🦂 = Skorpion, ♐ = Schütze,
🐐 = Steinbock, ♒ = Wassermann, 🐟 = Fische

Produkt	Mond	Element	Zeichen
Aal	☽	Luft	♒
Ahornsirup	☽	Wasser	🦀
Alge	☽	Wasser	🐟
Ananas	☽	Feuer	🦁
Apfel	☽	Feuer	♐
Aprikose	☽	Feuer	🦁
Artischocken	☽	Luft	♒
Aubergine	☽	Wasser	🦀
Austern	n	Wasser	🦀
Austernpilze	☽	Wasser	🐟
Avocado	☽	Luft	♒
Banane	☽	Wasser	🐟
Basilikum	☽	Erde	🐂
Batate	n	Erde	♍
Bataviasalat	☽	Wasser	🦂
Beifuß	☽	Wasser	🐟
Birne	☽	Feuer	♐
Blumenkohl	☽	Luft	👯 ♎
Brandy	☽	Wasser	🐟
Brauner Zucker	☽	Wasser	🦀
Broccoli	☽	Luft	♒
Brombeere	☽	Feuer	♐
Buchweizen	☽	Wasser	🦂
Buschbohnen	n	Feuer	🦁
Butter	☽	Luft	♎

Produkt	Mond	Element	Zeichen
Champagner	☾	Wasser	♓
Champignon	☽	Wasser	♓
Chicorée	☽	Wasser	♋
Chili	☾	Feuer	♌
Couscous	n	Wasser	♏
Curry	☾	Feuer	♐
Dattel	n	Feuer	♐
Dinkel	☽	Wasser	♋
Distelöl	☽	Luft	♊
Ei	n	Feuer	♌
Eisbergsalat	☽	Wasser	♓
Endivien	☽	Wasser	♋
Ente	☽	Luft	♎
Erbse	n	Feuer	♌
Erdbeere	☾	Feuer	♌
Erdnuß	n	Erde	♉
Essig	☾	Wasser	♋
Essiggurke	☽	Wasser	♋
Estragon	☽	Erde	♍
Fasan	☾	Feuer	♌
Feige	n	Feuer	♌
Feldsalat	n	Wasser	♓
Fenchel	☾	Erde	♍
Fernet Branca	☾	Wasser	♋
Forelle	☾	Feuer	♌
Frischkäse	☽	Feuer	♌
Gans	n	Luft	♊
Gemüsesaft	☽	Wasser	♓
Gerste	n	Luft	♊
Goldbarsch	☾	Feuer	♌
Grapefruit	☽	Feuer	♌

Produkt	Mond	Element	Zeichen
Grüner Tee	☽	Wasser	
Grünkern	☾	Wasser	
Gurke	☽	Erde	
Hafer	☽	Luft	
Hagebutte	☽	Feuer	
Hammel	☾	Feuer	
Hase	☽	Feuer	
Haselnuß	n	Luft	
Hefe	☽	Wasser	
Heidelbeere	☽	Feuer	
Hering	☽	Wasser	
Himbeere	n	Feuer	
Hirsch	☾	Feuer	
Hirse	n	Wasser	
Holunderbeere	☽	Feuer	
Holunderblüte	☽	Luft	
Honig	n	Wasser	
Honigmelone	☽	Wasser	
Honigwein	☾	Wasser	
Huhn	☾	Feuer	
Hummer	☾	Wasser	
Ingwer	☾	Erde	
Joghurt	☽	Feuer	
Johannisbeere, rot	☽	Feuer	
Johannisb., schwarz	☽	Feuer	
Kaffee	☾	Luft	
Kakao	☾	Luft	
Kalb	n	Feuer	
Kapern (eingelegt)	☽	Erde	
Kardamom	☾	Erde	
Karotte	n	Erde	

Produkt	Mond	Element	Zeichen
Karpfen	n	Feuer	
Kartoffel	n	Erde	
Käse	n	Feuer	
Kastanie	☾	Luft	
Kaviar	☽	Feuer	
Kirsche	☾	Feuer	
Kiwi	☽	Feuer	
Knoblauch	☾	Erde	
Kohl	☽	Wasser	
Kohlrabi	☾	Wasser	
Kokos	n	Luft	
Kokosmilch	☾	Luft	
Kopfsalat	☽	Wasser	
Koriander	☾	Erde	
Kresse	n	Wasser	
Kümmel	☾	Erde	
Kürbis	n	Wasser	
Kürbisblüte	n	Luft	
Lachs	☾	Luft	
Lamm	☾	Feuer	
Languste	☾	Feuer	
Lauch	☾	Erde	
Likör	☾	Wasser	
Linsen	n	Feuer	
Löwenzahn	☾	Wasser	
Mais	n	Wasser/Erde	
Malve	☽	Luft	
Mandeln	n	Luft	
Mango	☽	Feuer	
Mangold	☽	Wasser	
Marzipan	n	Luft	

Produkt	Mond	Element	Zeichen
Meerrettich	n	Erde	♉
Miesmuschel	☾	Wasser	♋
Milch	n	Feuer	♌
Mohn	☾	Luft	♎
Morchel	☽	Wasser	♏
Mungbohnensprossen	☽	Feuer	♐
Muskat	☾	Erde	♉
Nelke	☾	Erde	♉
Nierenbohnen (Kidney)	n	Feuer	♈
Nudeln	n	Luft	♊
Oliven	n	Luft	♒
Olivenöl	n	Luft	♒
Orange	n	Feuer	♈
Oregano	☾	Erde	♉
Paprikagewürz scharf	☾	Feuer	♌
Paprikagewürz süß	☾	Erde	♉
Paprikaschote	☾	Feuer	♌
Parmesan	n	Feuer	♈
Petersilie	n	Erde	♉
Pfeffer	☾	Feuer	♌
Pfefferminztee	n	Wasser	♓
Pfifferling	☾	Wasser	♏
Pfirsich	☾	Feuer	♐
Pflaume	n	Feuer	♌
Pinienkerne	n	Luft	♊
Pistazie	☾	Luft	♎
Preiselbeere	☽	Feuer	♌
Quark	☽	Feuer	♐
Quitte	☽	Feuer	♈
Radicchio	☽	Wasser	♓
Radieschen	☽	Erde	♉

Produkt	Mond	Element	Zeichen
Reh	n	Feuer	
Reis	☽	Wasser	
Reiswein	☾	Wasser	
Rettich	n	Erde	
Rhabarber	☽	Wasser	
Rind	☽	Luft	
Rosenkohl	n	Luft	
Rosmarin	☾	Erde	
Rote Bete	☽	Erde	
Rote Bohnen	n	Feuer	
Rotwein	☾	Wasser	
Rüben	n	Erde	
Safran	n	Luft	
Sahne	n	Luft	
Salbei	☽	Erde	
Sardinen/Sardellen	☽	Wasser	
Sauerampfer	☽	Wasser	
Sauerkirsche	☽	Feuer	
Sauerkraut	☽	Wasser	
Sauermilch	☽	Feuer	
Schaf	☾	Feuer	
Schafskäse	☾	Feuer	
Schalotte	☾	Erde	
Schnittlauch	☾	Erde	
Scholle	☾	Feuer	
Schwarzwurzel	n	Erde	
Sellerie	n	Erde	
Senf	☾	Luft	
Sesam	☽	Luft	
Shrimps	☾	Feuer	
Soja	☽	Feuer	

Produkt	Mond	Element	Zeichen
Sonnenblumenkerne	☽	Luft	♎
Spargel	☽	Erde	♉
Spinat	☽	Wasser	♏
Sprossen	n	Wasser	♏
Stachelbeere	☽	Feuer	♌
Süßkirsche	☾	Feuer	♐
Tabasco	☾	Feuer	♌
Thunfisch	☾	Luft	♒
Thymian	☾	Erde	♑
Tintenfisch	☽	Feuer	♈
Tomate	☽	Feuer	♌
Traube	n	Feuer	♐
Truthahn	n	Feuer	♐
Wachtel	☾	Luft	♎
Walnuß	☾	Luft	♊
Wassermelone	☽	Wasser	♏
Weißwein	☽	Wasser	♋
Weizen	☽	Luft	♊
Weizenkeimöl	☽	Luft	♊
Wildschwein	☾	Luft	♊
Wirsing	☽	Wasser	♋
Ziege	☾	Feuer	♌
Zimt	☾	Erde	♉
Zitrone	☽	Feuer	♌
Zucchini	☾	Wasser	♋
Zucchiniblüten	☽	Luft	♎
Zwiebel	☾	Erde	♑

MONDKALENDER
BIS ZUM JAHR 2000

Als Maß für die Zeichengebung eines Tages zählt der Mondstand zur Mittagszeit.

Doppelzeichen bedeuten, daß der Zeichenwechsel zwischen 12 Uhr mittags und 18 Uhr erfolgt. Das heißt, daß das Mittagessen und das Abendessen unter verschiedenen Zeichen stehen.

JULI 1996		
1.	○	♑
2.		♑ ♒
3.		♒
4.		♒ ♓
5.		♓
6.		♓ ♈
7.	☾	♈
8.		♈
9.		♉
10.		♉
11.		♊
12.		♊
13.		♊
14.		♋
15.	●	♋
16.		♌
17.		♌
18.		♌
19.		♍
20.		♍
21.		♎
22.		♎
23.	☽	♎ ♏
24.		♏
25.		♏
26.		♐
27.		♐
28.		♑
29.		♑
30.	○	♒
31.		♒

AUGUST 1996		
1.		♓
2.		♓
3.		♈
4.		♈
5.		♉
6.	☾	♉
7.		♊
8.		♊
9.		♊
10.		♋
11.		♋
12.		♌
13.		♌
14.	●	♌
15.		♍
16.		♍
17.		♍ ♎
18.		♎
19.		♎
20.		♏
21.		♏
22.	☽	♐
23.		♐
24.		♑
25.		♑
26.		♒
27.		♒
28.	○	♓
29.		♓
30.		♈
31.		♈

SEPTEMBER 1996		
1.		
2.		
3.		
4.	☾	
5.		
6.		
7.		
8.		
9.		
10.		
11.		
12.	●	
13.		
14.		
15.		
16.		
17.		
18.		
19.		
20.	☽	
21.		
22.		
23.		
24.		
25.		
26.		
27.	○	
28.		
29.		
30.		

OKTOBER 1996		
1.		
2.		
3.		
4.	☾	
5.		
6.		
7.		
8.		
9.		
10.		
11.		
12.	●	
13.		
14.		
15.		
16.		
17.		
18.		
19.	☽	
20.		
21.		
22.		
23.		
24.		
25.		
26.	○	
27.		
28.		
29.		
30.		
31.		

NOVEMBER 1996		
1.		♏
2.		♐︎
3.	☾	♐︎
4.		♐︎
5.		♒
6.		♒
7.		♎
8.		♎
9.		♎ ♏
10.		♏
11.	●	♏
12.		♐
13.		♐
14.		♑
15.		♑
16.		♒
17.		♒
18.	☽	♓
19.		♓
20.		♓ ♈
21.		♈
22.		♈ ♉
23.		♉
24.		♉
25.	○	♊
26.		♊
27.		♏
28.		♏
29.		♏ ♐
30.		♐

DEZEMBER 1996		
1.		♐
2.		♒
3.	☾	♒
4.		♒ ♎
5.		♎
6.		♎
7.		♏
8.		♏
9.		♐
10.	●	♐
11.		♐ ♑
12.		♑
13.		♑ ♒
14.		♒
15.		♒ ♓
16.		♓
17.	☽	♓ ♈
18.		♈
19.		♈
20.		♉
21.		♉
22.		♊
23.		♊
24.	○	♊ ♏
25.		♏
26.		♏
27.		♐
28.		♐
29.		♐ ♒
30.		♒
31.		♒

JANUAR 1997		
1.		♎
2.	☾	♎
3.		♎ ♏
4.		♏
5.		♐
6.		♐
7.		♐
8.		♑
9.	●	♑
10.		♒
11.		♒
12.		♓
13.		♓
14.		♈
15.	☽	♈
16.		♉
17.		♉
18.		♊
19.		♊
20.		♊
21.		♋
22.		♋
23.	○	♌
24.		♌
25.		♌
26.		♍
27.		♍
28.		♎
29.		♎
30.		♎
31.	☾	♏

FEBRUAR 1997		
1.		♏
2.		♐
3.		♐
4.		♑
5.		♑
6.		♒
7.	●	♒
8.		♓
9.		♓
10.		♈
11.		♈
12.		♉
13.		♉
14.	☽	♉ ♊
15.		♊
16.		♊
17.		♋
18.		♋
19.		♋ ♌
20.		♌
21.		♌
22.	○	♍
23.		♍
24.		♍ ♎
25.		♎
26.		♎
27.		♏
28.		♏

MÄRZ 1997		
1.		♐
2.	☾	♐
3.		♐
4.		♑
5.		♑
6.		♒
7.		♒
8.		♓
9.	●	♓
10.		♈
11.		♈
12.		♉
13.		♉
14.		♊
15.		♊
16.	☽	♋
17.		♋
18.		♋
19.		♌
20.		♌
21.		♍
22.		♍
23.		♍
24.	○	♎
25.		♎
26.		♏
27.		♏
28.		♏
29.		♐
30.		♐
31.	☾	♑

APRIL 1997		
1.		♑
2.		♒
3.		♒
4.		♓
5.		♓
6.		♈
7.	●	♈
8.		♉
9.		♉
10.		♊
11.		♊
12.		♊ ♋
13.		♋
14.	☽	♋
15.		♌
16.		♌
17.		♌ ♍
18.		♍
19.		♍
20.		♎
21.		♎
22.	○	♎ ♏
23.		♏
24.		♏
25.		♐
26.		♐
27.		♑
28.		♑
29.		♒
30.	☾	♒

188

MAI 1997		
1.		♒ ♓
2.		♓
3.		♓ ♈
4.		♈
5.		♈ ♉
6.	●	♉
7.		♉
8.		♊
9.		♊
10.		♋
11.		♋
12.		♋ ♌
13.		♌
14.	☽	♌
15.		♍
16.		♍
17.		♍ ♎
18.		♎
19.		♎
20.		♏
21.		♏
22.	○	♐
23.		♐
24.		♐ ♑
25.		♑
26.		♑ ♒
27.		♒
28.		♒ ♓
29.	☾	♓
30.		♓
31.		♈

JUNI 1997		
1.		♈
2.		♉
3.		♉
4.		♊
5.	●	♊
6.		♊ ♋
7.		♋
8.		♋
9.		♌
10.		♌
11.		♍
12.		♍
13.	☽	♍
14.		♎
15.		♎
16.		♏
17.		♏
18.		♏ ♐
19.		♐
20.	○	♐
21.		♑
22.		♑
23.		♒
24.		♒
25.		♓
26.		♓
27.	☾	♈
28.		♈
29.		♉
30.		♉

189

JULI 1997		
1.		♉ ♊
2.		♊
3.		♊
4.	●	♋
5.		♋
6.		♌
7.		♌
8.		♌ ♍
9.		♍
10.		♍
11.		♎
12.	☽	♎
13.		♎ ♏
14.		♏
15.		♏
16.		♐
17.		♐
18.		♑
19.		♑
20.	○	♒
21.		♒
22.		♓
23.		♓
24.		♈
25.		♈
26.	☾	♈ ♉
27.		♉
28.		♉ ♊
29.		♊
30.		♊
31.		♋

AUGUST 1997		
1.		♋
2.		♌
3.	●	♌
4.		♌
5.		♍
6.		♍
7.		♍ ♎
8.		♎
9.		♎
10.		♏
11.	☽	♏
12.		♐
13.		♐
14.		♐ ♑
15.		♑
16.		♑ ♒
17.		♒
18.	○	♒ ♓
19.		♓
20.		♓ ♈
21.		♈
22.		♈ ♉
23.		♉
24.		♉
25.	☾	♊
26.		♊
27.		♋
28.		♋
29.		♋ ♌
30.		♌
31.		♌

SEPTEMBER 1997		
1.	●	♍
2.		♍
3.		♍ ♎
4.		♎
5.		♎
6.		♏
7.		♏
8.		♏ ♐
9.		♐
10.	☽	♐
11.		♑
12.		♑
13.		♒
14.		♒
15.		♓
16.	○	♓
17.		♈
18.		♈
19.		♉
20.		♉
21.		♊
22.		♊
23.	☾	♊ ♋
24.		♋
25.		♋
26.		♌
27.		♌
28.		♌ ♍
29.		♍
30.		♍

OKTOBER 1997		
1.	●	♎
2.		♎
3.		♎ ♏
4.		♏
5.		♏
6.		♐
7.		♐
8.		♑
9.	☽	♑
10.		♑ ♒
11.		♒
12.		♒ ♓
13.		♓
14.		♓ ♈
15.		♈
16.	○	♈ ♉
17.		♉
18.		♉ ♊
19.		♊
20.		♊
21.		♋
22.		♋
23.	☾	♌
24.		♌
25.		♌ ♍
26.		♍
27.		♍
28.		♎
29.		♎
30.		♎
31.	●	♏

NOVEMBER 1997		
1.		♏
2.		♐
3.		♐
4.		♐ ♑
5.		♑
6.		♑
7.	☽	♒
8.		♒
9.		♓
10.		♓
11.		♈
12.		♈
13.		♉
14.	○	♉
15.		♊
16.		♊
17.		♋
18.		♋
19.		♋ ♌
20.		♌
21.	☾	♌
22.		♍
23.		♍
24.		♍ ♎
25.		♎
26.		♎
27.		♏
28.		♏
29.		♏ ♐
30.	●	♐

DEZEMBER 1997		
1.		♐
2.		♑
3.		♑
4.		♒
5.		♒
6.		♓
7.	☽	♓
8.		♈
9.		♈
10.		♉
11.		♉
12.		♉ ♊
13.		♊
14.	○	♊ ♋
15.		♋
16.		♋
17.		♌
18.		♌
19.		♍
20.		♍
21.	☾	♍
22.		♎
23.		♎
24.		♏
25.		♏
26.		♏
27.		♐
28.		♐
29.	●	♑
30.		♑
31.		♒

JANUAR 1998			FEBRUAR 1998		
1.		♒	1.		♓
2.		♓	2.		♓
3.		♓	3.	☽	♈
4.		♓ ♓	4.		♈
5.	☽	♓	5.		♊
6.		♓ ♈	6.		♊
7.		♈	7.		♋
8.		♈	8.		♋
9.		♊	9.		♋ ♌
10.		♊	10.		♌
11.		♋	11.	○	♌
12.	○	♋	12.		♍
13.		♌	13.		♍
14.		♌	14.		♍ ♎
15.		♌ ♍	15.		♎
16.		♍	16.		♎
17.		♍	17.		♏
18.		♎	18.		♏
19.		♎	19.	☾	♏ ♐
20.	☾	♎	20.		♐
21.		♏	21.		♐
22.		♏	22.		♑
23.		♐	23.		♑
24.		♐	24.		♒
25.		♐ ♑	25.		♒
26.		♑	26.	●	♓
27.		♑ ♒	27.		♓
28.	●	♒	28.		♈
29.		♒			
30.		♓			
31.		♓			

193

MÄRZ 1998		
1.		
2.		
3.		
4.		
5.	🌓	
6.		
7.		
8.		
9.		
10.		
11.		
12.		
13.	○	
14.		
15.		
16.		
17.		
18.		
19.		
20.		
21.	☾	
22.		
23.		
24.		
25.		
26.		
27.		
28.	●	
29.		
30.		
31.		

APRIL 1998		
1.		
2.		
3.	🌓	
4.		
5.		
6.		
7.		
8.		
9.		
10.		
11.	○	
12.		
13.		
14.		
15.		
16.		
17.		
18.		
19.	☾	
20.		
21.		
22.		
23.		
24.		
25.		
26.	●	
27.		
28.		
29.		
30.		

MAI 1998

Tag	Mond	Tierkreiszeichen
1.		♋
2.		♌
3.	☽	♌
4.		♌
5.		♍
6.		♍
7.		♎
8.		♎
9.		♎
10.		♏
11.	○	♏
12.		♐
13.		♐
14.		♐
15.		♑
16.		♑
17.		♒
18.		♒
19.	☾	♓
20.		♓
21.		♓ ♈
22.		♈
23.		♈ ♉
24.		♉
25.	●	♉ ♊
26.		♊
27.		♊ ♋
28.		♋
29.		♋
30.		♌
31.		♌

JUNI 1998

Tag	Mond	Tierkreiszeichen
1.		♍
2.	☽	♍
3.		♍ ♎
4.		♎
5.		♎
6.		♏
7.		♏
8.		♏ ♐
9.		♐
10.	○	♐
11.		♑
12.		♑
13.		♒
14.		♒
15.		♒ ♓
16.		♓
17.	☾	♓
18.		♈
19.		♈
20.		♉
21.		♉
22.		♊
23.		♊
24.	●	♋
25.		♋
26.		♌
27.		♌
28.		♌ ♍
29.		♍
30.		♍

195

JULI 1998				AUGUST 1998			
1.	☽	♎		1.		♏	
2.		♎		2.		♐	
3.		♎	♏	3.		♐	
4.		♏		4.		♐	
5.		♏		5.		♑	
6.		♐		6.		♑	
7.		♐		7.		♒	
8.		♑		8.	○	♒	
9.	○	♑		9.		♓	
10.		♑	♒	10.		♓	
11.		♒		11.		♈	
12.		♒		12.		♈	
13.		♓		13.		♉	
14.		♓		14.	☾	♉	
15.		♈		15.		♊	
16.	☾	♈		16.		♊	
17.		♉		17.		♊	♋
18.		♉		18.		♋	
19.		♊		19.		♋	
20.		♊		20.		♌	
21.		♋		21.		♌	
22.		♋		22.	●	♍	
23.	●	♋	♌	23.		♍	
24.		♌		24.		♍	♎
25.		♌		25.		♎	
26.		♍		26.		♎	
27.		♍		27.		♏	
28.		♎		28.		♏	
29.		♎		29.		♏	♐
30.		♎		30.	☽	♐	
31.	☽	♐		31.		♐	

196

SEPTEMBER 1998		
1.		
2.		
3.		
4.		
5.		
6.	○	
7.		
8.		
9.		
10.		
11.		
12.		
13.	☾	
14.		
15.		
16.		
17.		
18.		
19.		
20.	●	
21.		
22.		
23.		
24.		
25.		
26.		
27.		
28.	☽	
29.		
30.		

OKTOBER 1998		
1.		
2.		
3.		
4.		
5.	○	
6.		
7.		
8.		
9.		
10.		
11.		
12.	☾	
13.		
14.		
15.		
16.		
17.		
18.		
19.		
20.	●	
21.		
22.		
23.		
24.		
25.		
26.		
27.		
28.	☽	
29.		
30.		
31.		

197

NOVEMBER 1998		
1.		🐟 🦭
2.		🦭
3.		🦭 🐂
4.	○	🐂
5.		👫
6.		👫
7.		🦂
8.		🦂
9.		🦂 🦁
10.		🦁
11.	☾	🦁
12.		♍
13.		♍
14.		⚖
15.		⚖
16.		⚖
17.		🦂
18.		🦂
19.	●	🦂 🏹
20.		🏹
21.		🏹
22.		🐏
23.		🐏
24.		🏺
25.		🏺
26.		🏺 🐟
27.	☽	🐟
28.		🐟
29.		🦭
30.		🦭

DEZEMBER 1998		
1.		🐂
2.		🐂
3.	○	👫
4.		👫
5.		🦂
6.		🦂
7.		🦁
8.		🦁
9.		♍
10.	☾	♍
11.		♍ ⚖
12.		⚖
13.		⚖
14.		🦂
15.		🦂
16.		🦂
17.		🏹
18.	●	🏹
19.		🐏
20.		🐏
21.		🐏 🏺
22.		🏺
23.		🏺
24.		🐟
25.		🐟
26.	☽	🦭
27.		🦭
28.		🐂
29.		🐂
30.		👫
31.		👫

198

JANUAR 1999		
1.		♏
2.	○	♏
3.		♐
4.		♐
5.		♐ ♑
6.		♑
7.		♑
8.		♎
9.	☾	♎
10.		♎ ♏
11.		♏
12.		♏
13.		♐
14.		♐
15.		♐ ♒
16.		♒
17.	●	♒
18.		♒
19.		♒
20.		♓
21.		♓
22.		♈
23.		♈
24.	☽	♈ ♉
25.		♉
26.		♉ ♊
27.		♊
28.		♊ ♏
29.		♏
30.		♏
31.	○	♐

FEBRUAR 1999		
1.		♐
2.		♑
3.		♑
4.		♎
5.		♎
6.		♎
7.		♏
8.	☾	♏
9.		♐
10.		♐
11.		♐
12.		♒
13.		♒
14.		♒
15.		♒
16.	●	♒ ♓
17.		♓
18.		♓ ♈
19.		♈
20.		♈
21.		♉
22.		♉
23.	☽	♊
24.		♊
25.		♏
26.		♏
27.		♐
28.		♐

MÄRZ 1999			APRIL 1999		
1.		♌︎	1.		♎︎
2.	○	♌︎	2.		♎︎ ♏︎
3.		♌︎	3.		♏︎
4.		♎︎	4.		♏︎
5.		♎︎	5.		♐︎
6.		♏︎	6.		♐︎
7.		♏︎	7.		♐︎ ♑︎
8.		♏︎	8.		♑︎
9.		♐︎	9.	☾	♑︎
10.	☾	♐︎	10.		♒︎
11.		♑︎	11.		♒︎
12.		♑︎	12.		♓︎
13.		♑︎ ♒︎	13.		♓︎
14.		♒︎	14.		♈︎
15.		♒︎	15.		♈︎
16.		♓︎	16.	●	♈︎ ♉︎
17.	●	♓︎	17.		♉︎
18.		♈︎	18.		♊︎
19.		♈︎	19.		♊︎
20.		♉︎	20.		♊︎ ♋︎
21.		♉︎	21.		♋︎
22.		♊︎	22.	☽	♋︎ ♌︎
23.		♊︎	23.		♌︎
24.	☽	♋︎	24.		♌︎
25.		♋︎	25.		♍︎
26.		♌︎	26.		♍︎
27.		♌︎	27.		♏︎
28.		♌︎ ♍︎	28.		♏︎
29.		♍︎	29.		♏︎ ♐︎
30.		♍︎	30.	○	♐︎
31.	○	♎︎			

200

MAI 1999		
1.		♏
2.		♐
3.		♐
4.		♐
5.		♑
6.		♑
7.		♒
8.	☽	♒
9.		♒ ♓
10.		♓
11.		♓
12.		♈
13.		♈
14.		♉
15.	●	♉
16.		♊
17.		♊
18.		♋
19.		♋
20.		♌
21.		♌
22.	☽	♍
23.		♍
24.		♍ ♎
25.		♎
26.		♎
27.		♏
28.		♏
29.		♏ ♐
30.	○	♐
31.		♐

JUNI 1999		
1.		♑
2.		♑
3.		♑ ♒
4.		♒
5.		♒
6.		♓
7.	☾	♓
8.		♈
9.		♈
10.		♉
11.		♉
12.		♊
13.	●	♊
14.		♋
15.		♋
16.		♌
17.		♌
18.		♌ ♍
19.		♍
20.	☽	♍
21.		♎
22.		♎
23.		♏
24.		♏
25.		♏
26.		♐
27.		♐
28.	○	♑
29.		♑
30.		♑

JULI 1999		
1.		♍
2.		♍
3.		♎
4.		♎
5.		♎
6.	☾	♏
7.		♏
8.		♐
9.		♐
10.		♒
11.		♒
12.		♓
13.	●	♓
14.		♈
15.		♈
16.		♉
17.		♉
18.		♊
19.		♊
20.	☽	♊
21.		♋
22.		♋
23.		♌
24.		♌
25.		♌ ♋
26.		♋
27.		♋
28.	○	♍
29.		♍
30.		♎
31.		♎

AUGUST 1999		
1.		♎ ♏
2.		♏
3.		♏
4.	☾	♐
5.		♐
6.		♒
7.		♒
8.		♓
9.		♓
10.		♈
11.	●	♈
12.		♉
13.		♉
14.		♉ ♊
15.		♊
16.		♊
17.		♋
18.		♋
19.	☽	♌
20.		♌
21.		♌
22.		♋
23.		♋
24.		♍
25.		♍
26.	○	♍ ♎
27.		♎
28.		♎
29.		♏
30.		♏
31.		♐

SEPTEMBER 1999		
1.		♉
2.	☾	♊
3.		♊
4.		♋
5.		♋
6.		♋ ♌
7.		♌
8.		♌ ♍
9.	●	♍
10.		♍
11.		♎
12.		♎
13.		♏
14.		♏
15.		♏
16.		♐
17.	☽	♐
18.		♑
19.		♑
20.		♑
21.		♒
22.		♒
23.		♓
24.		♓
25.	○	♈
26.		♈
27.		♉
28.		♉
29.		♉ ♊
30.		♊

OKTOBER 1999		
1.		♊ ♋
2.	☾	♋
3.		♋
4.		♌
5.		♌
6.		♍
7.		♍
8.		♎
9.	●	♎
10.		♎ ♏
11.		♏
12.		♏
13.		♐
14.		♐
15.		♐ ♑
16.		♑
17.	☽	♑
18.		♒
19.		♒
20.		♒ ♓
21.		♓
22.		♓
23.		♈
24.	○	♈
25.		♉
26.		♉
27.		♊
28.		♊
29.		♋
30.		♋
31.	☾	♌

NOVEMBER 1999				DEZEMBER 1999		
1.		♌		1.		♒
2.		♍		2.		♎
3.		♍		3.		♎
4.		♍ ♎		4.		♏
5.		♎		5.		♏
6.		♎		6.		♏ ♐
7.		♏		7.	●	♐
8.	●	♏		8.		♐
9.		♐		9.		♑
10.		♐		10.		♑
11.		♐		11.		♑
12.		♑		12.		♒
13.		♑		13.		♒
14.		♒		14.		♓
15.		♒		15.		♓
16.	☽	♒		16.	☽	♓ ♈
17.		♓		17.		♈
18.		♓		18.		♈ ♉
19.		♐		19.		♉
20.		♐		20.		♉ ♊
21.		♈		21.		♊
22.		♈		22.	○	♊
23.	○	♉		23.		♏
24.		♉		24.		♏
25.		♊		25.		♌
26.		♊		26.		♌
27.		♏		27.		♍
28.		♏		28.		♍
29.	☾	♒		29.	☾	♎
30.		♒		30.		♎
				31.		♏

JANUAR 2000

Tag	Mond	Zeichen
1.		♏
2.		♏
3.		♐
4.		♐
5.		♑
6.	●	♑
7.		♑
8.		♒
9.		♒
10.		♓
11.		♓
12.		♓
13.		♈
14.	☽	♈
15.		♉
16.		♉
17.		♊
18.		♊
19.		♋
20.		♋
21.	○	♌
22.		♌
23.		♍
24.		♍
25.		♎
26.		♎
27.		♎
28.	☾	♏
29.		♏
30.		♐
31.		♐

FEBRUAR 2000

Tag	Mond	Zeichen
1.		♐
2.		♑
3.		♑
4.		♒
5.	●	♒
6.		♒ ♓
7.		♓
8.		♓
9.		♈
10.		♈
11.		♉
12.	☽	♉
13.		♊
14.		♊
15.		♊ ♋
16.		♋
17.		♋ ♌
18.		♌
19.	○	♌ ♍
20.		♍
21.		♍
22.		♎
23.		♎
24.		♏
25.		♏
26.		♏ ♐
27.	☾	♐
28.		♐
29.		♑

205

MÄRZ 2000		
1.		♐
2.		♐ ♑
3.		♑
4.		♑
5.		♒
6.	●	♒
7.		♓
8.		♓
9.		♓ ♈
10.		♈
11.		♈ ♊
12.		♊
13.	☽	♊
14.		♋
15.		♋
16.		♌
17.		♌
18.		♍
19.		♍
20.	○	♎
21.		♎
22.		♎ ♏
23.		♏
24.		♏
25.		♐
26.		♐
27.		♑
28.	☾	♑
29.		♑
30.		♒
31.		♒

APRIL 2000		
1.		♓
2.		♓
3.		♓ ♈
4.	●	♈
5.		♈
6.		♉
7.		♉
8.		♊
9.		♊
10.		♋
11.	☽	♋
12.		♌
13.		♌
14.		♍
15.		♍
16.		♍ ♎
17.		♎
18.	○	♎
19.		♏
20.		♏
21.		♐
22.		♐
23.		♐
24.		♑
25.		♑
26.	☾	♒
27.		♒
28.		♒
29.		♓
30.		♓

MAI 2000

Tag	Mond	Zeichen
1.		Widder
2.		Widder
3.		Stier
4.	●	Stier
5.		Zwillinge
6.		Zwillinge
7.		Krebs
8.		Krebs
9.		Löwe
10.	☽	Löwe
11.		Löwe / Jungfrau
12.		Jungfrau
13.		Jungfrau
14.		Waage
15.		Waage
16.		Skorpion
17.		Skorpion
18.	○	Skorpion / Schütze
19.		Schütze
20.		Schütze
21.		Steinbock
22.		Steinbock
23.		Steinbock / Wassermann
24.		Wassermann
25.		Wassermann
26.	☾	Fische
27.		Fische
28.		Widder
29.		Widder
30.		Widder / Stier
31.		Stier

JUNI 2000

Tag	Mond	Zeichen
1.		Stier / Zwillinge
2.	●	Zwillinge
3.		Zwillinge / Krebs
4.		Krebs
5.		Löwe
6.		Löwe
7.		Löwe
8.		Jungfrau
9.	☽	Jungfrau
10.		Waage
11.		Waage
12.		Skorpion
13.		Skorpion
14.		Skorpion
15.		Schütze
16.	○	Schütze
17.		Steinbock
18.		Steinbock
19.		Steinbock
20.		Wassermann
21.		Wassermann
22.		Fische
23.		Fische
24.		Fische
25.	☾	Widder
26.		Widder
27.		Stier
28.		Stier
29.		Zwillinge
30.		Zwillinge

JULI 2000		
1.	●	♒
2.		♒
3.		♓
4.		♓
5.		♈
6.		♈
7.		♎
8.	☽	♎
9.		♎ ♏
10.		♏
11.		♏
12.		♐
13.		♐
14.		♐ ♑
15.		♑
16.	○	♑
17.		♒
18.		♒
19.		♒ ♓
20.		♓
21.		♓
22.		♈
23.		♈
24.	☾	♉
25.		♉
26.		♉ ♊
27.		♊
28.		♊ ♋
29.		♋
30.		♋ ♌
31.	●	♌

AUGUST 2000		
1.		♍ ♌
2.		♌
3.		♌ ♎
4.		♎
5.		♎
6.		♏
7.	☽	♏
8.		♐
9.		♐
10.		♐
11.		♑
12.		♑
13.		♒
14.		♒
15.	○	♒
16.		♓
17.		♓
18.		♈
19.		♈
20.		♈ ♉
21.		♉
22.	☾	♉
23.		♊
24.		♊
25.		♋
26.		♋
27.		♍
28.		♍
29.	●	♈
30.		♈
31.		♎

SEPTEMBER 2000		
1.		♎
2.		♏
3.		♏
4.		♏ ♐
5.	☽	♐
6.		♐
7.		♑
8.		♑
9.		♑ ♒
10.		♒
11.		♒
12.		♓
13.	○	♓
14.		♓ ♈
15.		♈
16.		♈
17.		♉
18.		♉
19.		♊
20.		♊
21.	☾	♋
22.		♋
23.		♌
24.		♌
25.		♍
26.		♍
27.	●	♍ ♎
28.		♎
29.		♎ ♏
30.		♏

OKTOBER 2000		
1.		♏
2.		♐
3.		♐
4.		♑
5.	☽	♑
6.		♑
7.		♒
8.		♒
9.		♓
10.		♓
11.		♓
12.		♈
13.	○	♈
14.		♉
15.		♉
16.		♊
17.		♊
18.		♋
19.		♋
20.	☾	♋ ♌
21.		♌
22.		♌ ♍
23.		♍
24.		♍
25.		♎
26.		♎
27.	●	♏
28.		♏
29.		♐
30.		♐
31.		♐

NOVEMBER 2000		
1.		♑
2.		♑
3.		♒
4.	☽	♒
5.		♒
6.		♓
7.		♓
8.		♈
9.		♈
10.		♈ ♉
11.	○	♉
12.		♉ ♊
13.		♊
14.		♊ ♋
15.		♋
16.		♋
17.		♌
18.	☾	♌
19.		♍
20.		♍
21.		♎
22.		♎
23.		♏
24.		♏
25.	●	♏ ♐
26.		♐
27.		♐
28.		♑
29.		♑
30.		♑ ♒

DEZEMBER 2000		
1.		♒
2.		♒
3.		♓
4.	☽	♓
5.		♓ ♈
6.		♈
7.		♈
8.		♉
9.		♉
10.		♊
11.	○	♊
12.		♋
13.		♋
14.		♌
15.		♌
16.		♍
17.		♍
18.	☾	♎
19.		♎
20.		♎ ♏
21.		♏
22.		♏
23.		♐
24.		♐
25.	●	♑
26.		♑
27.		♑
28.		♒
29.		♒
30.		♓
31.		♓

Literatur

Bauer, E., Karstädt, U.: *Das Tao der Küche,* Heyne, München 1994

Cunningham, S.: *Magie in der Küche,* Neuwied 1993

Diamond, M.: *Fit fürs Leben,* Goldmann, München 1992

Diamond, H. und M.: *Fit für's Leben.* Waldthausen Ritterhude 1989

Elmadfa, I., Aign, W., Muskat, E., Fritsche, D., Cremer, H.-D.: *Die große GU Nährwert Tabelle,* Gräfe und Unzer, München 1996

Fischer, E.: *Die internationale vegetarische Küche,* Mosaik, München 1987

Flaws, Dr. med. B., Wolfe, H. L.: *Das Yin und Yang der Ernährung,* Bern 1992

Goldmann, H.: *Was ein Püppchen essen darf.* Eine Reihe kleiner Rezepte für die Puppenküche, Abel und Müller Verlag, Leipzig o. J.

Graf, C.: *Kochen mit dem Mond,* Mosaik, München 1995

Haarer, L.: *Kochen und Backen nach Grundrezepten,* Burgbücherei Wilhelm Schneider, Esslingen a. N. 1963

Hertling, W.: *Kochen mit Hirse.* Vegetarische Gerichte, pala-verlag gmbh, Schaafheim 1988

Hofmann, M.: *Bayerisches Kochbuch,* Birken, München 1992

Köster, H., Bauer, E.: *Astro-Diät,* München 1993

Lechthaler, E.: *Drinks Vitale,* Hädecke, Weil der Stadt 1993

Leconte, M.: *Die Yin-Yang Diät,* Hamburg 1989

Lexikon der Küchen- und Gewürzkräuter, Copyright 1977 Aria, Prag, Lizenzausgabe Manfred Pawlak Verlagsgesellschaft mbH, Herrsching o. J.

Morningstar, A., Desai, U.: *Die Ayurveda Küche,* Heyne, München 1990

Paungger, J., Poppe, T.: *Vom richtigen Zeitpunkt,* Hugendubel, München 1992

Piroué, S.: *Französisch Kochen,* Gräfe und Unzer, München, 5. Aufl. 1993

Rias-Bucher, B.: *Vollwert-Kochvergnügen wie noch nie,* Gräfe und Unzer, München 1988

Schantz, K., und Greindl, G. (Hrsg.): *Neuzeitliche Kochkunst für Gesunde und Kranke,* Carl Ehlers, Konstanz und Kreuzlingen (Thurgau) o. J.

Temelie, B., Trebuth, B.: *Das Fünf-Elemente-Kochbuch,* Joy, Sulzberg 1994

Thomas, K.: *Das Gemüsekochbuch.* Copyright 1984 Mosaik Verlag, München, Lizenzausgabe für die Büchergilde Gutenberg, Frankfurt am Main 1986

Weber, S., Abdel-Qadir, G.: *Der Zauber der arabischen Küche,* Heyne, München 1988

Wittich, B.: *Die mexikanische Küche,* Heyne, München 1980

Zabert, A.: *Kochen,* Die kleine Schule, Zabert Sandmann, München 1995

QUELLENANGABE
ZU GEDICHTEN UND GESCHICHTEN

Ludwig Bechstein (1801–1860), *Der weiße Wolf ...*
Aus: Ludwig Bechstein, Deutsches Märchenbuch. Insel Verlag, Frankfurt am Main 1995

Gottfried August Bürger (1747–1794), *Münchhausen*
Aus: Gottfried August Bürger, Wunderbare Reisen zu Wasser und Lande, Feldzüge und lustige Abenteuer des Freiherrn von Münchhausen. Manesse Verlag, Zürich 1978

Matthias Claudius (1740–1815), *Brief an den Mond Nr. 1*
Aus: Matthias Claudius, Sämtliche Werke, Winkler Verlag, München 1976

Joseph von Eichendorff (1788–1857), *Wenn der Hahn kräht ...*
Aus: Josef von Eichendorff, Die Glücksritter. Bergstadt-Verlag, Würzburg 1960

Wetterregeln
Aus: Robert Gratzer, Kalter Stern und Neuer Mond, Holzregeln, Mondjahr und Bauernpraktiken im Alpenraum, Verlag Johannes Heyn, Klagenfurt 1986

Jakob Grimm (1785–1863), Wilhelm Grimm (1786–1859)
Der Mond und seine Mutter ...
Aus: Die wahren Märchen der Brüder Grimm. Hrsg. v. Heinz Rölleke. Fischer Taschenbuch Verlag GmbH, Frankfurt/Main 1989

Johann Peter Hebel (1760–1826)
Abendlied, wenn man aus dem Wirtshaus geht
Alte und neue Lieder, hrsg. v. Johannes Bolte u. a., Insel Verlag, Frankfurt am Main 1915

Heinrich Heine (1797–1856)
An dem stillen Meeresstrande ... Die schlanke Wasserlilie ... Wie des Mondes Abbild zittert ...
Aus: Heinrich Heine, Sämtliche Gedichte in zeitlicher Folge, Insel Verlag, Frankfurt am Main und Leipzig 1993

Eduard Mörike (1804–1875), *Der Mond und's Mandl*
Aus: Mozart auf der Reise nach Prag. In: Sämtliche Werke. Hrsg. von Herbert G. Göpfert, Carl Hanser Verlag, München 1964

Christian Morgenstern (1871–1914), *Notturno in Weiss*
Aus: Christian Morgenstern, Alle Galgenlieder, Palmström, Palma Kunkel, Gingganz, Insel Verlag, Frankfurt am Main 1977

Unbekannte Verfasser

Mond des Himmels ...
Ei, ei, wie scheint der Mond so hell ...
Aus: Des Knaben Wunderhorn. Alte Deutsche Lieder, gesammelt von L. Achim von Arnim und Clemens Brentano, Winkler Verlag, München 1972

Bei Mondenschein
Österreich-Schlesisches Volkslied (um 1865)
Alte und neue Lieder, hrsg. v. Johannes Bolte u. a., Insel Verlag, Frankfurt am Main 1915

Name in Schweiz...
Aus: du, Heft Nr. 8, du-Verlag, Zürich, August 1995

Schau den goldnen Mond dort..., Spanischer Kinderreim
Aus: Sing Sang Song. 56 Kinderlieder mit Noten. Rowohlt Verlag, Reinbek 1976

ALPHABETISCHES REGISTER

HEYNE
BÜCHER

Gesund und schlank mit Heyne-Diätkochbüchern

Dr. Herman
Tarnower/Samm
Sinclair Baker
Die Scarsdale-Diät
07/4350

Dr. med. Antje
Katrin Kühnemann
Trenn-Kost
07/4435

Dr. Anne Calatin
Die Rotations-Diät
07/4475

Landenberger /
Schütz / Wendler
**Das neue
Kochbuch für
Diabetiker**
07/4565

Claudia Latzel
**Bäckereien und
Süßspeisen für
Diabetiker**
07/4584

Ingrid Malhotra
**Die Cholesterin-
Diät**
07/4591

Prof. Dr. Klaus
Miehlke
Die Rheuma-Diät
07/4617

Eva Exner
Kalorientabelle
07/4642

Dr. med. Antje
Katrin Kühnemann
**Die Kühnemann-
Diät**
07/4647

Inge Grieser
**Das Kochbuch für
Neurodermitiker**
07/4648

Ursula Paschen
**Fit durch
Trennkost**
07/4653

Ursula Paschen
**Das Trennkost-
Backbuch**
07/4658

**Wilhelm Heyne Verlag
München**

Die größte Kochbuch-
Spezialsammlung!
Praktisch, handlich, preiswert

07/4646

Wilhelm Heyne Verlag
München

HEYNE BÜCHER

Die Sterne lügen nicht

"Astrologie ist wie ein lebenspendendes Elixier für die Menschheit." *Albert Einstein*

08/9447

Wilhelm Heyne Verlag
München